하란산(賀蘭山) 관광문화상품 디자인

에듀컨텐츠 휴피아
CH Educontents Huepia

목 차

표목차 ··· vi
그림목차 ·· viii
머리말 ··· ix

Ⅰ. 서 론 ··· 3
  1.1 연구 배경 및 목적 ·· 3
    1.1.1 연구 배경 ··· 3
    1.1.2 연구 목적 ··· 17
  1.2 선행연구 ··· 22
    1.2.1 중국 연구 종합 서술 ·· 22
    1.2.2 국외 연구 종합 서술 ·· 25
  1.3 연구범위와 방법 ·· 26
    1.3.1 연구 범위 ··· 26
    1.3.2 연구 방법 ··· 28

Ⅱ. 하란산 암각화의 이론 고찰 ·· 31
  2.1 암각화의 개념과 유형 ·· 31
    2.1.1 동물 암각화 ··· 33
    2.1.2 식물 암각화 ··· 34
    2.1.3 인면상(人面像) 암각화 ··· 35
    2.1.4 생활 그림 암각화 ··· 36
    2.1.5 기타 기호류 ··· 37
  2.2 지역문화의 개념 ·· 38
    2.2.1 지역 특이성 ··· 38
    2.2.2 복제 불가능성 ··· 39
    2.2.3 경제 활성화 ··· 40
  2.3 관광문화상품의 개념과 발전 ··· 41
    2.3.1 관광문화상품의 개념 ·· 41
    2.3.2 문화상품의 발전 역정(歷程) ·· 42
    2.3.3 문화상품 분류 ··· 44
    2.3.4 지역문화와 관광상품의 관계 ··· 45

III. 하란산 문화상품의 조사 및 분석 ··· 49
　3.1 하란산 암각화 기존 관광상품 조사연구 ····························· 49
　3.2 관광객 만족도 조사 연구 ··· 56
　　3.2.1 대상 이용자 조사 연구 ··· 56
　　3.2.2 만족도 조사 연구 ··· 60
　3.3 평가체계 구축 ··· 62
　　3.3.1 예상지표 ·· 60
　　3.3.2 평가지표 선정 ·· 65
　　3.3.3 최종 평가지표 ·· 70
　3.4 평가 지표 설문 수정 ·· 71
　　3.4.1 평가지표 전문가 설문 인자 분석 ································ 71
　　3.4.2 평가지표 가중치 ··· 72
　　3.4.3 평가체계 검증 ·· 74
　　3.4.4 디자인 평가 지표의 활용 ·· 75

IV. 하란산 암각화 관광문화상품 개발 사례 활용 ······················· 77
　4.1 디자인 이념 ··· 77
　　4.1.1 지역문화 부각 ·· 77
　　4.1.2 사용자 소비심리에 부합 ··· 77
　　4.1.3 다양한 쇼핑 환경에 적합 ·· 78
　4.2 디자인 요소의 전환과 융합 ·· 79
　　4.2.1 도안 요소 ··· 79
　　4.2.2 색채 요소 ··· 92
　　4.2.3 재질 요소 ··· 99
　　4.2.4 조형 요소 ·· 104
　4.3 상품 개발 제안 ·· 113
　　4.3.1 제안 1 : 사계 하란산 문화상품 디자인 ······················ 113
　　4.3.2 상품 개발 제안2－'션샤인 하란산' 문화상품 디자인 ··········· 122

Ⅵ. 결론 및 시사점 ··· 127
5.1. 연구 결론 ··· 127
5.1.1 지역특색을 통한 관광문화상품의 활용 ··································· 127
5.1.2 원소추출식 기법을 통한 문화기호의 변환 ······························ 128
5.1.3 고객만족도 기반에서 디자인 구축 ··· 129
5.1.4 과학적 데이터 검증 방법 및 조사와 모형의 활용 ················ 129
5.2 연구의 한계 ··· 130
5.3 향후 연구 방향 ··· 131

참고문헌 ··· 133
Abstract ·· 139
부록 ·· 143

표 목 차

<표 1-1>	2014~2022 중국 관광 문화상품업계 정책 일람표	10
<표 1-2>	하란산 지역 관광객 행동과 관광지 선호 인원수	12
<표 1-3>	중국 내 콘텐츠 성공사례	21
<표 1-4>	하란산 암각화 문화상품 부분의 대표적 연구 성과	23
<표 2-1>	암각화의 다섯 가지 유형	32
<표 2-2>	문화상품의 기본 분류	44
<표 2-3>	지역문화와 문화상품의 상호 융합	48
<표 3-1>	하란산 암각화 기존 관광문화상품 조사	50
<표 3-2>	하란산 관광상품 판매 및 전시	51
<표 3-3>	하란산 관광문화상품의 암각화 유형 적용조사	55
<표 3-4>	관광객의 구축 데이터	59
<표 3-5>	관광객 만족도 조사 연구 과정	61
<표 3-6>	관광객 만족도 조사 연구 결과	62
<표 3-7>	평가지표 예비 추출 및 출처	63
<표 3-8>	조사 대상자의 성별 및 나이 구조	66
<표 3-9>	조사대상 전문가 선별 기준	67
<표 3-10>	제1차 의견수렴 설문지 정리내용	67
<표 3-11>	평가지표 선정 결과 및 지표	69
<표 3-12>	최종 확정 평가지표	70
<표 3-13>	설문 KMO와 Bartlett 검사	71
<표 3-14>	18개 평가지표 인자 분석	72
<표 3-15>	선성 조합 계수 및 지표 가중치 결과	73
<표 3-16>	제품 득점	75

<표 4-1> 풍경 도안 설계 ·· 85
<표 4-2> 동물 도안 디자인 ·· 86
<표 4-3> 동물 도안 디자인 ·· 87
<표 4-4> 유물 도안 디자인 ·· 88
<표 4-5> 도안 디자인 요소 추출 과정 ··· 90
<표 4-6> 나라별로 색감이 어떤지 ·· 92
<표 4-7> 하란산 지역 색채추출 ·· 94
<표 4-8> 오스트발트 색위체 중 각 명도의 흑백함량 ······························· 97
<표 4-9> 색채요소 추출과정 ·· 98
<표 4-10> 상용 제품 소재 유형 ·· 100
<표 4-11> 상용재료의 분석과 비교 ·· 102
<표 4-12> 재질요소추출과정 ·· 103
<표 4-13> 조형방법 ·· 109
<표 4-14> 조형 요소 추출 과정 ·· 113
<표 4-15> 표지 디자인과 응용 ·· 114
<표 4-16> 암각화 형상 도안 디자인 ·· 115
<표 4-17> 암각화 도안 조합 디자인 ·· 116
<표 4-18> 색채 요소 추출(계절 색채) ·· 118

그림목차

<그림 1-1> 닝샤의 지리적 위치 ·· 3
<그림 1-2> 호남공업대학과 닝샤대학의 합작 프로젝트의 시점 ················ 5
<그림 1-3> 최근 5년간 여행자 수와 소득 데이터 추세 ···························· 6
<그림 1-4> 2019년 중국 국내 여행자수 연령대 ······································· 7
<그림 1-5> 2019년 중국 국내 여행자수 교육 정도 ·································· 8
<그림 1-6> 2019년 지역별 관광지 발전지수 ·· 13
<그림 1-7> 코로나19 전후 여행자 수와 소득의 변화 ···························· 15
<그림 1-8> 논문 연구 발상 ·· 27
<그림 2-1> 문화상품 발전의 4단계 ·· 42
<그림 2-2> 매슬로(Abraham H. Maslow)의 구계이론의 제품 디자인 적용 ···· 45
<그림 2-3> 닝샤박물관 주구(酒具) 문화상품 ··· 46
<그림 2-4> 운남 목걸이 문화상품 ·· 47
<그림 2-5> 산시박물관 '봉의인존(鳳儀印尊)' 문화상품 ··························· 47
<그림 3-1> 제품과 사용자의 관계 ·· 56
<그림 3-2> 관광문화상품의 대상 이용자 타깃 ··· 60
<그림 3-3> 평가지표 체계구축 Thinking Map ·· 66
<그림 4-1> 스페인 알타미라 동굴 그림의 들소 이미지 ·························· 80
<그림 4-2> 이집트 연꽃과 자사초 결합의 도안 ······································ 81
<그림 4-3> 그리스 도병상의 상화꽃 도안 ··· 81
<그림 4-4> 도안 중의 구도 ·· 81
<그림 4-5> 기하학적 도안으로 형성된 내재적 장력 ······························· 83
<그림 4-6> 제품 포인트 기하학 도안 응용 ··· 83
<그림 4-7> 하란산지역 색상추출 ··· 93
<그림 4-8> 스트발트(W. Ostwald)의 색상체계 ······································· 96
<그림 4-9> 트발트의 색상삼각형 ··· 97
<그림 4-10> 자연계의 표면질감 ··· 101
<그림 4-11> 색채 표현 제안 ·· 119
<그림 4-12> '사계 하란산' 디자인 제안 (1) ·· 120
<그림 4-13> '사계 하란산' 디자인 제안 (2) ·· 121
<그림 4-14> 선샤인 하란산 디자인 제안 (1) ·· 122
<그림 4-15> 선샤인 하란산 디자인 제안 (2) ·· 123
<그림 4-16> 선샤인 하란산 디자인 제안 (3) ·· 124

머 리 말

하란산(賀蘭山)은 수많은 인면암각화(人面岩畵)가 집중되어 있는 곳으로 유명하며, 이곳은 근 만년에 걸친 '문화 전승의 역사책'이라 할 수 있습니다. 하란산 암각화 예술은 상고시대 인류의 지혜의 결정체로, 중화문화예술의 축소판입니다. 하란산 암각화는 유구한 역사, 풍부한 종류, 광범위한 소재로 유명하며, 고대인들이 공동으로 창조한 문화적 유산과 정신적 재산입니다. 현재 암각화는 자연환경의 침식에 의해 점차적으로 사라지고 있는데, 암각화 유산이 앞으로 어떻게 더 잘 전승될 수 있을지, 이는 시급히 해결해야 할 중요한 문제로 볼 수 있습니다.

관광문화상품은 관광객의 심신을 즐겁게 할 뿐만 아니라, 고전 문화자원에서 파생된 관광문화상품의 혁신과 독특함에 대한 요구가 더욱 더 높아지고 있습니다. 저자는 하란산 지역에서 3년 동안 현지 조사를 진행하고, 기존 문화상품점에 대한 설문조사를 통해 이용자의 제품 만족도를 충분히 파악했습니다. 이용자의 수요 및 관광산업의 현황에 따라 계층분석법과 인자분석법을 활용하여 평가지표를 확립했고, 이 과정에서 전문가를 초청해 판단 매트릭스를 구축하고 평가 계산 모델을 만들어, 두 차례 인증을 거친 후 문화상품 디자인을 위한 평가지표 체계를 최종 확정했습니다.

닝샤(宁夏)하란산 관광지의 자연경관을 모티브로 하여 현대 심미학을 융합하여, 하란산 암각화의 독특한 시각적 이미지를 새로이 창작하고, 닝샤 하란산 암각화의 새로운 이미지를 창조적으로 디자인했으며, 일련의 시선을 끄는 매력적이고 참신한 하란산 암각화 문화아이디어상품 디자인 사례를 완성했습니다. 향후 문화 수요의 섬세화, 개성화에 따라 하란산 관광문화상품의 뉴 비지니스에 이 책이 집약적인 돌파구를 마련해줄 것으로 기대합니다.

이 글을 쓰는 과정에서 한서대 한상윤 교수님께서 주제선택과 연구 프로세스 설정에 대한 세심한 지도를 해 주셨고, 도학회 교수님을 비롯하여 지문환 교수님, 송성일 교수님, 홍창호 교수님, 김경수 교수님 등 여러 교수님께서 신뢰성 있는 이론 지도 및 참고 의견을 주셔서 큰 도움이 되었습니다. 이 자리를 빌어 교수님들께 깊이 감사드립니다. 그리고, 부족한 졸고를 추천해 주시고, 출판을 위해 큰 도움을 준 도서출판 에듀컨텐츠휴피아 이상열 대표를 비롯한 임직원 여러분께 감사의 말을 전합니다.

끝으로 독자 여러분의 많은 성원과 진정한 피드백을 부탁드립니다. 감사합니다!

2022년 7월에   저자 Li Li 씀.

하란산(賀蘭山) 관광문화상품 디자인

Li Li (李丽) 著

Ⅰ. 서 론

1.1 연구 배경 및 목적
1.1.1 연구 배경

1) 닝샤문화 및 특색산업 디자인연구원의 설립

본 연구 과제는 중국 후난 공업대학과 닝샤대학의 합작 프로젝트에서 비롯되었다. 닝샤성 문화특색 산업의 디자인 수준을 높이기 위해, 2019년 4월 닝샤대학과 후난공대 연구원들이 공동으로 '닝샤문화 및 특색산업 디자인연구원' 프로젝트를 시작했다. 본 연구 중 하란산 암각화는 닝샤자치구 은천시의 대표적인 관광명소 중 하나이다. 2019년 4월 8일, 두 대학은 은천시에서 첫 간담회를 열고 관련 학과 및 전공 간 상호 교류 및 제품 디자인 서비스의 지역특색 산업 발전에 대해 깊이 있는 교류와 토론을 진행했다.

<그림 1-1> 닝샤의 지리적 위치

위의 그림에서 보는 바와 같이, 하란산은 닝샤자치구 북부에 위치하며, 이곳은 닝샤의 자연경관과 인문경관이 비교적 풍부하게 집약된 핵심지대이며, 관광자원이 고밀도로 중첩되어 황하 문화, 서하 문화, 회족 문화 및 사막 문화가 여기에서 교차해 지역문화 특색이 선명하다. 이곳은 산봉우리가 첩첩이 쌓이고, 절벽이 험준하며, 삼림자원이 풍부해, 일찍이 서하 왕조시대부터 피서지로 불렸다. 하란산의 풍부한 관

하란산(賀蘭山) 관광문화상품 디자인

광자원은 생성 원인의 속성에 따라 자연경관과 인문경관의 두 유형으로 나눌 수 있다. 이 중 지질·지형·물·식물 등의 자연경관은 대자연이 인류에게 부여한 귀중한 자산으로, 고대 역사문화유적, 현대 인문경관 및 민속풍경은 하란산 관광지의 여러 민족의 만년에 걸친 생산생활에서 창조한 역사문명으로, 그들은 공동으로 하란산 지역의 중요한 관광자원을 구성했다.

2019년 5월 20일, 닝샤대학 미술대 책임자는 후난공대에 가서 시찰 및 교류를 했는데, 학교 간 협력 서비스를 통해 지역 산업 발전을 모색하고, 두 지역의 협력을 통해 닝샤 문화 산업에 내포된 발전을 추진하며, 두 대학의 교학 자원에 의거하여 더욱 질 좋고 혁신적인 디자인 인재를 배양한다.[1] 이번 회의에서 양측은 '닝샤문화 및 특화산업 디자인연구원' 설립과 관련하여 서로 소통하고 논의를 했다.

2019년 6월 30일, 후난공대와 닝샤는 배커스(Bacchus) 미국 국제 와이너리 유한공사와 산학연 협력 협약을 체결했다.[2] 학교와 학교 사이, 학교와 정부 사이, 학교·정부와 기업 간의 협력을 강화하고, 우리 팀이 힘을 모아 닝샤 문화와 특색산업의 홍보를 널리 추진한다. 닝샤 문화와 와인, 구기자, 삼초, 하란연(硯) 등 특색 산업을 해독하고, 조사 연구보고, 학술논문, 포장디자인, 문화아이디어 상품 등 방식으로 성과를 내고 있다.

2019년 7월 1일, 은천 시정부가 지켜보는 가운데 후난공대와 닝샤대학이 합작하여 건설한 '닝샤문화 및 특화산업디자인연구원' 현판식이 닝샤대학교에서 성황리에 개최되었다.[3] 이는 우세한 자원을 공유하고, 공동으로 추진하며, 연구와 사회서비스 융합 발전의 새로운 출발점이 되었다. 전국 다른 성의 강점을 서로 보완함으로써 두 대학의 '쌍일류(Double first-rate)' 건설에 더욱 힘을 보태고, 닝샤 문화와 특색산업의 양질의 발전을 추진한다. 닝샤를 도와 닝샤의 스토리를 잘 얘기하고, 닝샤의 브랜드를 불러 효과적인 닝샤 문화의 발전을 추진한다.

2020년 5월부터 8월까지 디자인 공모전과 강좌를 여러 차례 개최했다. 생산 전환의 효율성을 더욱 높이고, 문화아이디어상품의 품질과 소비 수준을 향상시키기 위해 닝샤박물관은 '문화 아이디어와 관광상품 아이디어+운영' 특강을 개최하고, 문화 융합, 제품 전환, 브랜드 만들기, 서비스 디자인, 인재 양성 등 몇 가지 방면에서 문화 아이디어와 관광상품의 운영관리를 모색하고, 소비 시장에 적합한 크로스오버

---
1) 寧夏大學 https://www.nxu.edu.cn/info/1569/13439.htm
2) 湖南工業大學包裝設計藝術學院 http://art.hut.edu.cn/info/1046/3420.htm
3) 中國社會科學 http://fund.cssn.cn/gd/gd_rwxb/gd_zxjl_1680/201907/t20190702_4928443.shtml

시리즈 제품을 개발한다. 후난공대의 전문 교원으로서, 본 논문 연구자도 닝샤성 하란산 암각화 관광지를 여러 차례 방문해 조사·연구할 기회를 가졌다.

<그림 1-2> 호남공업대학과 닝샤대학의 합작 프로젝트의 시점

2) 전통문화 명소의 고빈도 여행객 증가 추세

중국은 다민족 국가로, 유구한 역사를 가진 많은 고성(古城)과 전통문화 명소를 갖고 있다. 서로 다른 지역문화는 관광객을 끊임없이 놀라게 한다. 관광객에게 어떻게 문화 명소를 널리 알리고 전통문화를 이어 나갈 수 있을지, 관광지 브랜드 구축과 문명 고국(古國) 문화 전승의 촉진에 대한 연구에 초점을 맞춘다. 최근 몇 년간, 여행은 레저와 느긋하게 힐링하는 생활 방식으로서 이미 점진적으로 사람들의 일상 생활의 일부가 되어, 여행가는 고빈도 이용객의 수가 증가 추세를 보인다.4) 2021년 10월 중국관광연구원(문화관광부 데이터센터)이 발표한 '중국 국내 관광개발 연차 보고'에서, 국내 관광지 여행 빈도 측면에서 2016~2019년 조사 데이터에 의하면, 국내 여행객 중 최소 한 달에 한 번 여행객이 증가하는 등 국내 고빈도 여행객이 증가 추세를 나타낸다.5)

아이 미디어 리서치(iiMedia Research) 데이터는 2020년 중국 여행객의 최근 1년 또는 반년 동안 도시 교외나 성(省) 내 전통 문화명소를 여행하는 비율은 70%, 1년에 여러 번 여행하는 이용객은 50% 이상, 이 중 18%는 한 달 사이 여러 번 여

---

4) 國家統計局, 2019年全國旅遊及相關產業增加值,
  http://www.stats.gov.cn/xxgk/sjfb/zxfb2020/202012/t20201231_1811957.html
5) 중국관광연구원, 중국 국내 관광발전 연도보고 2021, 2021.10

행하는 것으로 나타났다.6) 아이 미디어 리서치 분석에 의하면, 도시 교외나 시골에 위치한 전통문화 명소가 많기 때문에 시민들은 시끄러운 도시를 벗어나 심신의 편안함을 선택하면서, 전통 문화관광과 부수적인 서비스가 성행하게 됐다. 최근 몇 년간 데이터를 종합하면 중국의 미래 관광시장은 보다 넓은 발전 공간과 잠재력이 있다.

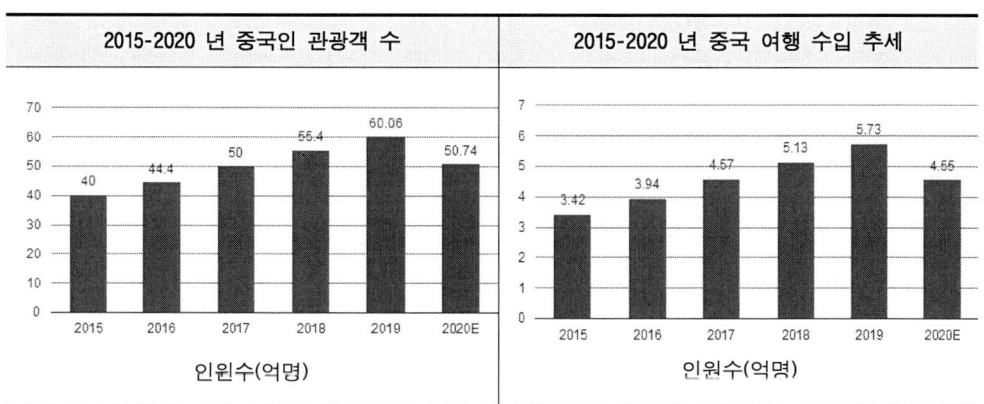

<그림 1-3> 최근 5년간 여행자 수와 소득 데이터 추세

56개 민족이 있는 중국, 민족마다 독특한 문화와 풍습이 있고, 각지에서 생겨난 전통문화 관광지가 아주 많다. 닝샤성(宁夏省)을 예로 들면, 하란산은 고대에 흉노, 선비, 돌궐, 위그르, 티베트, 당샹(黨項) 등 북방 소수민족이 사냥하며 생식 번성을 하며 머물던 곳이었다.7) 남북으로 길이가 200여km 되는 하란산 지역에서 20여 곳의 암각화 유적이 발견되었다. 그중 제일 대표적인 것은 하란산 암각화이며 이 모든것들은 상고시대 유목민들이 만들어낸 걸작이다. 암각화가 그려진 시기는 대략 춘추전국시기에서 서하시기로 추정된다. 우수한 역사문화 자원을 지켜나가기 위하여 닝샤회족자치구에서는 은천시 도시권의 문화관광핵심구, 하란산 동쪽기슭 생태 문화 관광잔도, 황하 문화관광대 등의 관광지를 건설하여, 닝샤회족자치구의 역사문화 자원의 힘을 빌어 문화와 관광의 융합발전을 촉진하고, 관광업이 나날이 발전하게 하고 좋은 결과를 얻게 했다.

2019년, 닝샤성의 주요 관광 경제 지표는 안정적 성장을 실현하며, 국내외 관광

---

6) 아이미디어 산업생활과 여행 연구센터, 2020년 중국 농촌 관광발전 현황과 관광이용객 분석보고, 2020.11
7) 劉天明, 「論民國寧夏歷史的十大特點」, 社會科學報, 2016, p.32

I. 서론

객 4,011만여 명을 맞이했으며 전년 대비 19.92% 증가했다. 관광 총수입 340억 300만 위안(인민폐)을 달성하여 전년 대비 15% 증가했다.8) 소비자의 관념도 은연중에 변화되기 시작해, 처음에 물질적 수요를 추구하다 질과 정신의 공유를 추구하는 국내 여행 패턴의 전환을 촉진하고, 관광과 문화적 체험을 중시하며, 여행의 품질에 대한 니즈가 갈수록 높아지고 있다. 관광문화상품은 경제적·문화적 이중성을 갖기 때문에 관광 관련 부속 상품으로서 문화체험형 관광 수요에 적합하며, 관광객의 쇼핑 수요를 해결하고, 그 속에서 지역의 문화적 특색을 체험할 수 있도록 물질적·기능적 수요를 두루 갖추고 있다.9)

이론상, 현지 관광경제 발전과 문화 전승의 지속가능성은 어느 정도 실현할 수 있다. 여행 활동 중 특히 관광객이 지역의 풍습과 지방의 특색 있는 제품에 관심을 갖고, 관광문화상품은 관광지와 관광객 사이에 튼튼한 교량을 만들어 준다. 따라서 하란산 암각화 관광문화상품도 고전 문화자원에서 파생된 혁신성과 독특성에 대한 요구가 높다.

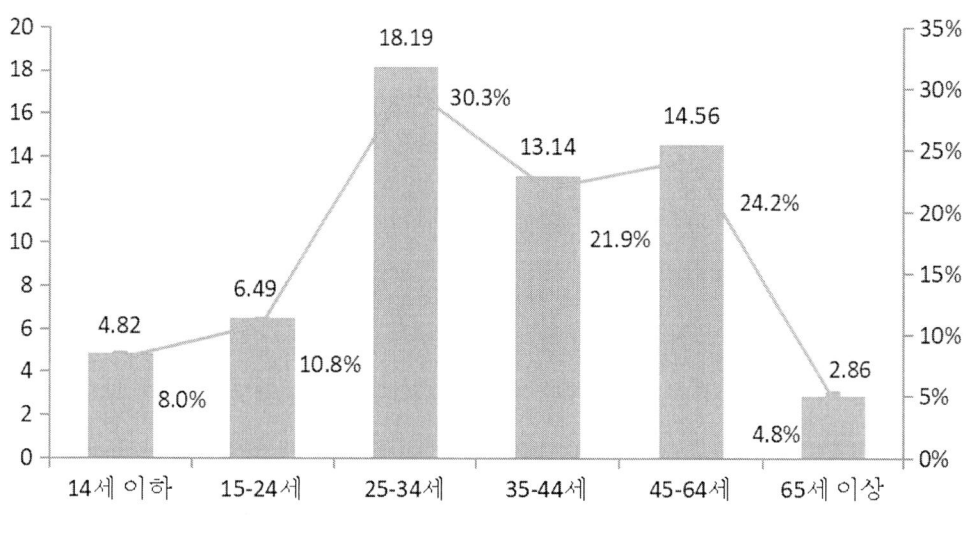

<그림 1-4> 2019년 중국 국내 여행자수 연령대

---

8) 中華人民共和國文化和旅遊部 https://www.mct.gov.cn/
9) 李恩玉, 「加快VR/AR擴散的主要國家戰略」, SPOT2019-12, 信息通信規劃評價院, 2019.6, p.5

하란산(賀蘭山) 관광문화상품 디자인

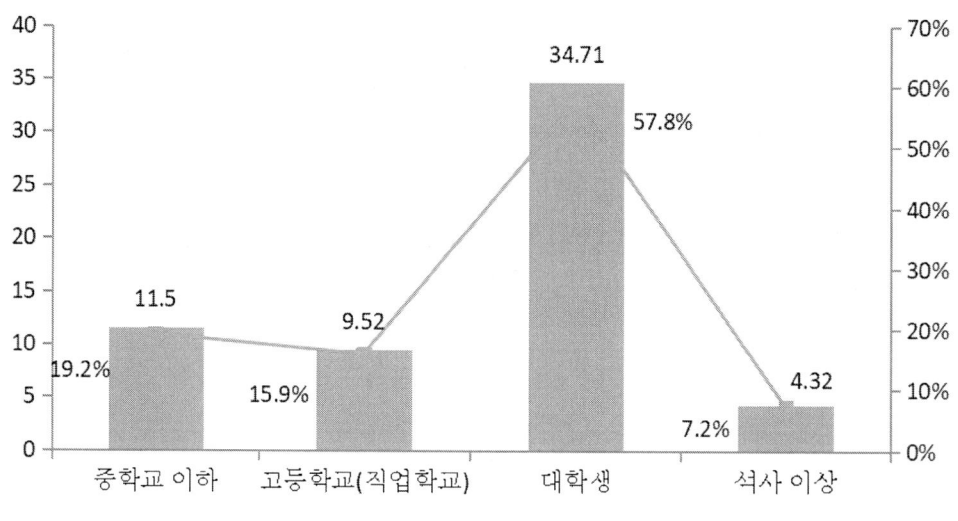

<그림 1-5> 2019년 중국 국내 여행자수 교육 정도

아이 미디어 (IiMedia Research) 리서치 데이터와 연계해 중국 국내 관광객의 분포 상황, 기본 속성, 여행 행동의 습관에 대해 정보 수집을 진행하고, 여행 소비자의 화상(畵像) 모델을 구축해 관련된 연구에 참고한다. 2020년 중국 여행 소비자의 60% 이상이 남성으로 소비자 연령은 26~40세 사이에 더 집중되어 있으며, 중·청년층은 국내 여행의 주요 그룹으로 전체 여행자의 30.3%를 차지한다. 25~44세의 중·청년 여행자를 합치면 국내 여행자 전체의 52.2%를 차지한다.<그림 1-4> 그들은 주로 화동, 화남 지역의 1·2라인 도시에 거주하고 있으며, 월수입 5,000~10,000위안의 기업체 직원이다. 국내 여행자의 64.99%가 대학, 전문대학 혹은 그 이상 학력을 가진 반면 중졸 이하 국내 여행자는 19.15%에 불과해서 국내 여행자는 계속 고학력 추세를 보인다.<그림 1-5>

3) 부단히 향상되는 국가 정책, 성숙하는 문화 체제 개혁

문화 사업 영역에서 끊임없이 사회화·시장화·산업화를 진행하는 큰 배경에서 중앙정부 차원에서 관련된 문화 체제 개혁을 지속적으로 추진하다가 1991년 문화부가 <문화사업의 경제정책에 관한 의견 보고서>를 발표했는데, 이때 '문화경제' 개념이 정식으로 제시되면서 문화사업 분야 발전이 중시되기 시작했다. 이후 국가 16대,

Ⅰ. 서 론

17대 보고서 모두 문화산업의 중요성을 명시하고 문화사업과 문화산업의 적극적 육성, 문화생산력, 문화 소프트파워, 등의 슬로건을 제시했다.10) 문화상품 디자인산업은 경제의 세계화 국면에서 창조력을 핵심으로 하는 새로운 산업11)으로 문화산업 사슬에서 '상층'과 '핵심층'에 속한다. 문화산업의 주류는 UN이 발간한 '2010 창의경제보고'에서 확립됐다.12) 2014년 1월 22일 국무원 상무회의 부서가 문화 아이디어와 디자인 서비스, 관련 산업의 융합 발전을 추진했다. 회의에서 문화산업과 디자인 서비스가 지식성·고부가 가치성·저소비·저오염 등의 특징을 갖고 있다고 지적했다. 미래에는 '국가적 의미 내포와 비주얼'을 높이는 데 있어 문화상품 디자인에 대한 책임이 크다.

국무원의 승인을 통해 2011년부터 매년 5월 19일을 '중국 관광의 날'로 삼고 있는데, 이는 중국이 이미 관광 대중화 시대에 진입했음을 의미한다. '중국 관광의 날' 제정은 국가가 '관광'이라는 국민경제의 전략적 기간산업 발전에 대해 높은 관심을 보이는 것으로, 새로운 시기 대중의 관광에 대한 새로운 기대를 나타낸다. 2014년 8월 국무원 사무청은 '특색문화산업 발전에 관한 지도 의견'을 발표하여 2020년까지 특색이 뚜렷한, 중점적으로 부각되는, 배치가 합리적이고, 사슬이 완전한, 그리고 효과가 명확한 특색문화산업 발전 구도를 기본적으로 수립하여, 전국에 중요한 영향력 있는 특색문화산업 벨트를 형성하고, 대표적으로 견인 역할이 뚜렷한 특색문화산업 시범 구역을 건설하고, 활력 넘치는 다양한 특색문화시장 주체를 육성하여, 핵심 경쟁력을 구비한 특색문화기업, 제품, 브랜드를 만든다.13)

2022년 5월, 제12차 '중국 관광의 날'이 다가오면서, 당 중앙원, 국무원은 코로나19 방역과 경제 사회 발전을 위한 정책 결정의 관철을 위해 총괄 부서, 국가발전개혁위원회, 문화와 관광부 등 14부 위원회에서 발간한 '서비스업 분야의 어려운 산업의 회복 발전을 촉진하기 위한 정책'을 실행하여, 산업 발전의 자신감을 진작시키고, 관광 시장에 활력을 증강하고, 관광 시장의 회복과 발전에 주력을 다한다. 14)
<표 1-1>

---

10) 新華社, 全國第十七次人民代表大會報告, 2007.10
11) 천웨이슝.「기술 진보 시야아래 중국문화산업 발전연구」. 푸저우: 푸젠사범대학, 2010, p.66
12) 장징청 , 「류광위. 중국 아이디어산업 급발전기」[J]. 테크노브레인, 2011(8), p.8-24.
13) 국무원 사무청 발표, 특색문화산업 발전지도 의견, 2014.8, p.92-93
14) 文化和旅遊部辦公廳關於開展2022年「中國旅遊日」活動的通知, 2022.3

하란산(賀蘭山) 관광문화상품 디자인

<표 1-1> 2014~2022 중국 관광 문화상품업계 정책 일람표

발표 시기	정책 명칭	정책 내용	발표 기구
2014.03	'문화 아이디어, 디자인 서비스와 관련 산업의 융합 발전 추진에 관한 국무원의 의견'	문화문화상품 개발 및 서비스 디자인 수준을 향상시켜 특색문화관광 활성화, 참여형 관광리조트의 조속한 육성을 촉진, 문화관광 명품＋특색농업의 유기적 결합을 촉진한다.	문화부
2016.3	중화인민공화국 국민경제와 사회발전 제13차 5년 계획요강(2016.2020년)	문화도 아주 혁신적으로 추진, 창의적인 문화산업의 대대적인 발전, 문화와 과학기술, 정보, 관광, 체육, 금융 등의 산업융합 발전을 촉진.	국가발전과 개혁위원회
2016.05	문화 문화유산기업의 문화아이디어상품 개발 개발추진에 관한 의견 전달	문화 아이디어 선도기업 육성 및 제품 브랜드의 건전한 브랜드 라이선스 구축, 우수브랜드 제품 생산 및 판매 확대, 지역특색, 민족풍습, 문화품위를 갖춘 관광상품, 기념품 개발, 우수문화자원과 추진원천과 뉴타운화이 긴밀한 결합 추진.	문화부
2017.4	문화부 '35' 시기 문화산업 발전 규획	지속적인 혁신 드라이브, 문화 아이디어, 과학기술 혁신의 선도, 문화 콘텐츠의 원창(原創) 능력 제고, 문화산업 제품, 기술에 큰 패러다임의 관리 혁신을 추진, 문화 산업과 '대중적 창업, 만인의 혁신"이 긴밀하게 결합해, 사회 전반에 문화 창조화를 촉진한다.	문화부
2018.12	문화 기업의 발전 두 가지 규정의 통지를 한층 더 지원	중앙재정과 지방재정은 문화산업 발전을 통해 자금 등 기존 자금경로의 전환, 자금 투입 방식의 혁신, 정책지원 체계의 정비, 문화기업의 발전을 지원한다. 문화산업 투·융자체제를 혁신, 문화자원과 금융자본의 효과적 연계, 조건부 문화기업이 자본시장을 이용해 발전하도록 장려한다.	국무원 사무청
2019.06	전국 농촌 관광 중점마을 명부, 건설 사업 전개에 관한 통지	지역 현지 문화와 관광 자원 조건을 결합하여 창조적으로 관광 상품을 개발하고, 직할시, 문화관광청, 관광국, 발전개혁위, 신장(新疆)생산건설병단, 문화체육 라디오 티비 관광국의 문화 콘텐츠를 발굴한다.	자원개발사
2020.09	정치협상회의13기 전국위원회 제3차 회의 제1246호(문화 홍보류 062호)제안에 대한 회답서한	관광과 문화 아이디어의 유기적 결합은 문화전승, 보호를 촉진하고 문화가치를 활용하여 관광업태의 혁신과 산업전환 향상을 촉진한다. 문화창의 인재 양성 및 교육사업을 추진하여 다양한 형태의 문화창의 인재 양성 교육을 개최한다.	문화관광부

Ⅰ. 서론

2021.07	문화관광부 청사 관광상품 아이디어 향상 사업 추진에 관한 통지	관광상품은 관광업의 중요한 부분으로 관광산업의 사슬을 확장하고 관광소비를 확대하며 관광업의 질적 증대 효과를 촉진하는 효과적인 방법이다. 최근 중국의 관광 상품 개발 수준이 부단히 향상되고, 관광 시장의 공급을 풍부하게 하고, 내수 소비 확대를 촉진하여 날이 갈수록 중요한 작용을 한다. 하지만 발전 실천에도 정책 부재, 시장 무기력, 제품 동질, 인재 인프라 부족 등의 문제가 있다. 문화와 관광의 융합 발전을 더욱 촉진하고 관광상품 개발 수준을 획기적으로 높이기 위해, 문화관광부는 관광상품 아이디어 업그레이드 활동의 조직적 실행을 결정했다.	자원 개발사
2021.08	문화와 문화재 기업의 문화아이디어 상품 개발을 더욱 촉진하는 조치	우수 관광 상품의 홍보 및 소개, 브랜드 매칭 시장의 요구, 관광 소비 향상, 시장 소비 욕구에 부합하는 문화아이디어상품 품질 제고, '문화가 관광 발전을 이끌고, 관광이 문화 번영을 촉진'의 슬로건으로 문화와 관광의 융합 발전을 견지, 문화아이디어상품 소비를 촉진한다.	문화 관광부
2021.09	문화,와 문화재 기업의 문화아이디어 상품 개발을 더욱 촉진하는 조치	문화와 문화재 기업의 문화아이디어상품 개발을 더욱더 촉진하기 위해, 국무원의 동의를 얻어 최근 문화 관광부 중앙선전부는 전국 문화 및 관광 아이디어제품 개발 정보 명부를 완성하여 문화 와 문화재 자원 데이터화 수집 산업 표준 제정을 포함했다.	자원 개발사
2022.02	문화와 관광자원, 문화재자원을 활용하여 청소년들의 정신적 소양 향상	청소년들이 사회주의 선진문화, 혁명문화와 중화 우수 전통문화에서 문화적 자신감을 증진시키고 양질의 서비스를 캠퍼스 내에 진출시키는 문교합작체제를 촉진하여, 더욱 진일보한 문화 및 관광자원, 문화재자원을 이용한 학생들의 방과 후 서비스 시간을 통합한다.	중국 문화 미디어 유한 공사
2022.02	서비스업 분야의 어려운 업종의 발전을 회복하기 위한 정책	당 중앙위원회, 국무원의 정책결정 부서에 따르면, 서비스업 분야의 어려운 산업들이 난관을 극복하고 발전을 회복할 수 있도록, 이미 내놓은 정책조치가 잘 이행되는 기초에서 국무원의 동의를 얻어, 기업 구제 지원 정책 조치를 제안한다.	국가 발전 개혁위, 문화 관광부

4) 관광 문화상품 업그레이드의 어려움과 기회

(1) 전국에서 상대적으로 낙후된 하란산 지역 문화 산업

하란산 관광지는 그 독특한 지리적 위치와 자원의 우세로 자치구 내외부터 국외의 많은 관광객을 유치함으로써, 주변 문화산업 발전에 아주 좋은 계기를 마련했다. 하지만 현재 닝샤 하란산은 아직도 낙후된 시설, 무분별한 개발, 혁신 부재, 홍보 부족 등 많은 문제점이 존재한다.

하란산(賀蘭山) 관광문화상품 디자인

하란산 관광 발전 공간의 배치는 대체로 산맥을 따라 흘러가고, 인지도가 높은 주요 관광지로는 5A급 진북보 웨스턴 무비타운, 4A급 서하왕릉, 하란산 삼림공원, 하란산 암각화, 3A급 북무당, 고성 등이 있다. 하란산 지역의 관광 개발이 점차 속도를 내면서 관광객 수도 점차 증가하고 있지만, 관광수익액, 접대 인원수, 관광객 체류 기간 등은 전국 평균을 크게 밑돌았다. 은천시 관광청의 2017년 공개 조사 연구 결과에 따르면 하란산 지역 관광자원 개발에 일부 문제가 있는 것으로 나타났다. 표에서 열거한 10곳의 관광지는 하란산과 은천 시내의 대표적인 관광 핫플레이스로, 당연히 인지도가 비교적 높아야 하지만, 조사 결과 이들 관광지를 모르는 여행객들이 무려 503명으로, 전체 조사 대상자의 25.4%를 차지했고, 그중 중국에서 유일무이한 하란산 암각화는 42%에 해당하는 사람들이 모른다고 답했다.<표 1-2>

<표 1-2> 하란산 지역 관광객 행동과 관광지 선호 인원수

관광지 이름	관광객 행동			선호 인원수		
	가봤다	들어봤나	모른나	좋아한다	좋아하지 않는다	비례
하란산 암각화	18	97	83	67	14	1:0.21
하란산 삼림공원	59	72	72	89	7	1:0.08
사호	141	28	20	94	7	1:0.074
북무당	39	58	90	29	28	1:0.97
서하왕릉	90	90	16	66	32	1:0.48
남관청진사	95	68	36	19	36	1:1.89
황하유	68	63	81	57	25	1:0.44
고대 장성	54	69	71	30	19	1:0.58
웨스턴 무비타운	90	93	27	37	28	1:0.76
중산공원	184	8	7	82	14	1:0.17
총 인원수	838	646	503	573	210	
백분율	42.1%	32.5%	25.4%	73.18%	26.82%	

중국 인민대학 '전첨(前瞻) 산업연구원'이 정리한 데이터에 의하면, 문화산업의 지역 간 불균형 현상이 두드러진다. 상위 100대 지역은 주로 중국 동부에 분포되고, 동남 연해 지역은 비교적 밀집되어 있어 광둥(廣東)·저장(浙江)·장쑤(江蘇) 3성은 문화산업 100대 군 단위 지역을 절반 가까이 포괄하고 있어 문화산업 발전 수준이 비교적 높다.15) 하란산 암각화 관광지가 위치한 서부지역은 상위 100위권 도

I. 서론

시가 거의 없을 정도로 남강북약(南强北弱)의 특징이 뚜렷하다. 문화산업은 신흥산업으로 출발이 늦었고, 혁신이 부족하며, 동질적 경쟁 및 구조의 추세가 동등해지는 문제가 여전히 존재해 풍부한 문화자원이 충분히 이용되지 못하고, 나아가 문화산업 발전을 제약한다.

중앙정부에서 추진하는 문화관광산업의 질 높은 성장 요구에 대응해 닝샤(宁夏) 문화와 관광도 새로운 도전과 어려움을 겪고 있다. 주요 원인은 하위 공공문화시설 건설이 상대적으로 지체되고, 전문관리 인력이 부족하여 시설 이용률이 낮기 때문이며, 문화산업발전 수준이 전반적으로 낮고, 기업의 약(弱), 소(小), 산(散)문제가 비교적 두드러져, 자원의 심도 깊은 발굴, 개발, 이용이 부족하고, 혁신 능력과 자원 전환 능력이 부족하다. 2019 중국 서부 문화산업 지수에 따르면 닝샤는 서부지역에서 생산력 지수 7위, 종합 지수 6위, 영향력 지수 7위, 구동력 지수 3위를 기록했다. 2019 중국 서부문화소비지수에 따르면 닝샤는 서부지역 문화소비력 5위, 문화소비 수준 4위, 문화소비 종합지수·문화소비 환경·문화소비 만족도 3개 부문 지수 모두 5위에 이어 상대적으로 낙후된 것으로 나타난다.[16] <그림 1-6>

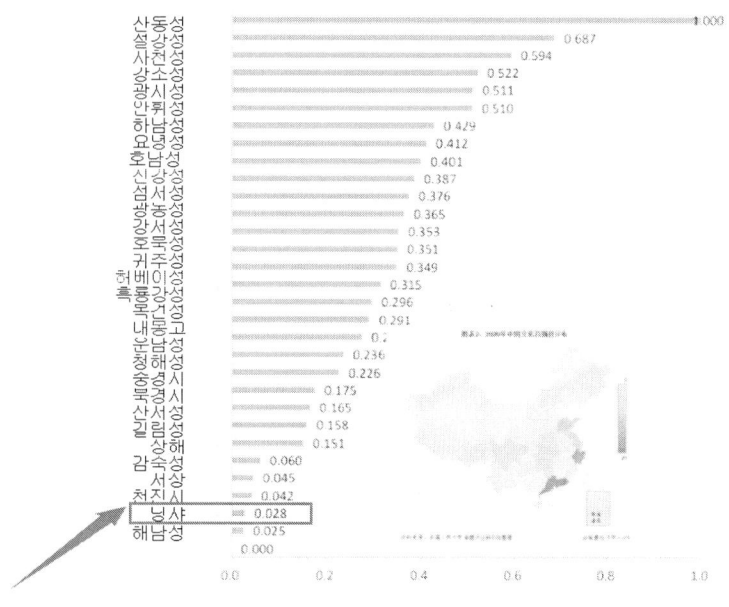

<그림 1-6> 2019년 지역별 관광지 발전지수

---

15) 전첨산업연구원, 「중국 문화산업 발전전경 예측과 산업사슬 기획분석 보고」, 2021.12
16) 루종후이, 「닝샤 문화산업 발전보고와 발전추세」, 신서부하반월, 2020년 7기

(2) 어려움에 직면한 전통 제품, 부족한 콘텐츠 IP

IP (intellectual property)는 지식재산권의 약칭으로, IP는 곧 재산권과 관련된 파생상품이다.17) 관광문화 IP는 관광지 이미지 인식물로 콘텐츠, 제품, 분위기, 문화, 스토리 등 관광객의 시선을 끌기 위한 어떤 요소도 될 수 있다. 정보화 시대에 전통 수공예에 의존해 오던 민간공예품은 일반인이 접근하기 어려운 사치품이 되었고, 수요가 적어져 소멸했다. 하란산 암각화는 중국 암각화 중 북방암각화의 대표로서, 시작이 이르고 시작점이 높아 일찍 연구가 이루어진 물질문화 보호 활동의 특성이 있다. 암각화 연구소의 노력으로 대중 홍보활동의 약약도 어느 정도 바탕이 되었으나, 홍보 효과는 예상보다 낮아 하란산 문화유산의 전파와 발전에 영향은 미미했다.

2019년 7월 이래, 우리가 닝샤 자치구 은천시(銀川市) 인근 관광지에서 하란산 암각화와 관련된 조사를 한 결과, 대다수 현지인은 하란산 암각화 중 유명한 태양신의 토템 모양만 대략 모호하게 묘사할 뿐, "하란산 암각화에 대해 무엇을 기록했나", "암각화에는 어떤 내용이 있나", "하란산 암각화에는 태양신 외에 어떤 이미지가 있나" 등의 구체적 질문에 대답을 못 하고 문화유산에 대해서도 명확하게 인식하지 못하고 있다. 따라서 하란산 암각화는 홍보 과정에서 홍보 효과에 영향을 미치는 여러 요인이 필히 존재한다고 본다. 하란산 지역 내 관광업은 출발이 늦고, 기초가 열악해, 지역 발전이 조화롭지 못하고, 불충분한 문제가 비교적 뚜렷하다.

혁신적인 제품이 없는 IP는 관광객을 만족시킬 수 없고, 관광지에 대한 이미지만 떨어뜨릴 수 있다. 개성화와 품질화를 추구하는 관광 시대가 도래하고 관광수요가 부각되면서 관광 IP가 점점 품질화 시대 관광지와 관광업체의 핵심 경쟁력 중 하나로 부각되고 있다. 최근 몇 년, 콘텐츠 IP의 형성이 전 세계적으로 주목받는 화제이다. 각국은 자체 전통문화 자원을 이용하여 문화아이디어상품 개발을 진행하고 있다. 예를 들면, 대영 박물관에서 개발한 노란 오리 시리즈, 루브르에서 개발한 모나리자 시리즈들은 모두 지명도가 높다.18) 이런 문화상품과 본관 소장품, 그리고 특색이 최대한 잘 맞아떨어져야 관광객 마음에 깊이 스며든다. 이런 제품들은 확실히 정교하고 가격도 비싸다. 그럼에도 관광객들이 구매를 선호하는 이유는 기념품 중 그 박물관이나 박물관이 소재한 도시, 그리고 그 나라 문화의 알맹이를 찾는 경우

---

17) 百度百科 : https://zhuanlan.zhihu.com/p/102524557, 2020.1
18) 趙哲昊, 「淺析英國博物館以觀眾為核心的運營策略」, 中國博物館, 2021.08, p.290

I. 서론

가 많은 이유이다. 이것이 바로 하란산 암각화에서 부족한 부분이고 개선이 시급하다. 단순히 지역의 기운을 더하는 스타일, 예를 들어 암각화 이미지로 나타낸 복제품과 카툰 캐릭터는 여행객들이 보기에 전통문화의 고전 리듬을 정확히 표현하지 못하고, 너무 얄팍해서 브랜드의 특색을 부각시키지 못해 실망스럽다. 현재 하란산 암각화 전통예술은 물론 닝샤성 전체 문화산업은 발전에 어려움을 겪고 있다.

(3) 코로나19의 영향으로 문화 상품의 디지털화 촉진

2020년 초부터, 코로나19 여파로 많은 사람들의 이동이 제한되고, 왕성하게 발전하던 관광업계, 전 세계 문화업계는 큰 충격을 받고 있다. 중국 국가통계국 데이터에 따르면 코로나19 영향으로 2020년 국내 연간 관광객은 28억 8,000만 명으로 전년 대비 52.1% 감소했다. 2020년 1분기 전국 규모 이상 문화 및 관련 산업체의 영업수익은 16,889억 위안으로 전년 대비 13.9% 감소했다.[19] <그림 1-7>

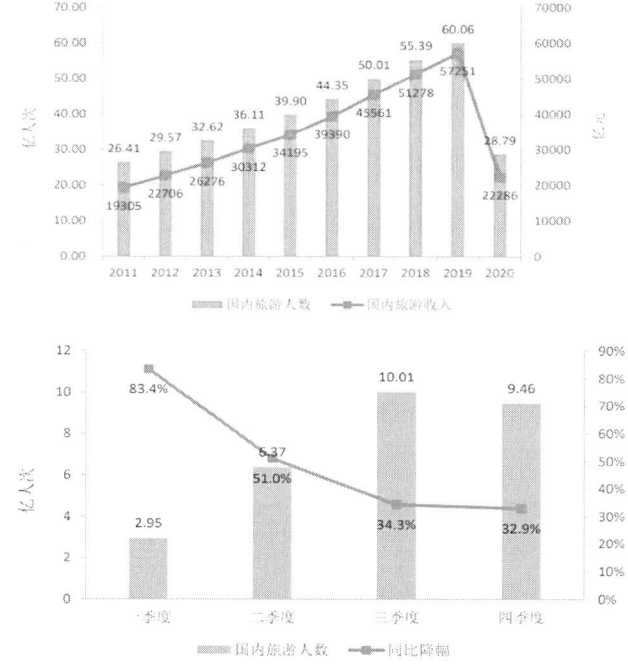

<그림 1-7> 코로나19 전후 여행자 수와 소득의 변화

---

19) 國家統計局, http://www.stats.gov.cn/

하란산(賀蘭山) 관광문화상품 디자인・

　코로나19로 관광경제가 퇴보하는 상황에서 문화자원은 필연적으로 인터넷을 통해 가치를 높여야 하고, 디지털 관광문화상품의 확산은 최근 형세에 딱 맞게 순응하고 있다. 디지털 관광 문화상품 디자인은 전통적인 문화 아이디어 상품 원에 기초해, 디지털 기술 기호를 가미한 새로운 전파와 디자인 방식이다. 또한 전통적 문화아이디어상품에 비해 과학기술 역량, 창의적인 사람들, 창의적 환경 등 발전 요소에 주로 의존하기에, 기존 문화자원에 대한 의존성이 적어 코로나19가 관광업에 미치는 당장의 충격에 직면했을 때 유리하다. 디지털 관광 문화아이디어상품 디자인 방법은 더욱더 가시적이고, 보존적이고, 정보 전달의 전면성이 있다. 디지털 기술은 문화상품이 코로나19 위기에서 벗어날 수 있는 새로운 포인트이고, 역시 디지털 기술의 위험 극복에 대한 가치는 경제 사회에서 한층 더 부각된다.[20]

　이런 문화아이디어상품은 시대적이고 광범위하게 전파하는 데도 유리하다. 문화상품의 혁신은 디자인에 새로운 활력을 부여할 뿐 아니라 디지털 시대 배경에서 새로운 가치도 부여한다. 인터넷, 모바일 인터넷의 대규모 응용은 전통 문화산업과 미디어의 구성을 심각하게 변화시키고 있고, 문화산업 내부의 통합과 전환 및 업그레이드를 구동하고 있다.[21] 동시에 오프라인과 평행한 이중 생산·판매 공간을 만들고 관광지와 문화기업의 위험 극복 능력도 높일 수 있다.

　자료 수집과 데이터 정리를 통해 중국 관광문화상품,제품 중 과학기술과 예술성을 겸비한 문화 아이디어 작품이 적고 관광문화산업도 혁신할 공간이 많은 것을 알 수 있다. 2020년, 5G 응용이 점차 보편화되면서, 문화아이디어상품 수량과 종류가 부단히 늘어나고, 시각화, 상호작용성, 몰입식 등의 특성을 가진 디지털 아이디어 제품과 서비스가 끊임없이 배출되고 있다. 현재, 이미 여러 관광지에 개인화된 디지털 문화아이디어상품이 출시되어 전통문화에 새로운 생기와 활력을 불어넣고 있으며, 여행객들은 사용자들은 집 안에서 인터넷을 통해 상품을 체험하고 구매할 수 있다. 예를 들어 닝샤의 '별들의 고향' 디지털 문화관광 테마는 산업 인터넷 마인드를 활용해 문화관광자원 통합형 제품 개발로 닝샤성의 다양한 지역 문화관광자원 활성화에 효과적인 도움을 주고 있다.

---

[20] 문화창작IP를 어떻게 문화관광으로 삼을 것인가 [EB/OL] . (2019-06-03 [2020-05-12] .
　 https://dy.163.com/article/EGOF2S1H0518H49M.html.
[21] 範周,「在結構調整中探索文化產業恢復發展的新空間」, 言之有範微信公眾號, 2020.5.12

Ⅰ. 서 론

1.1.2 연구 목적

1) 전통 문화산업의 원활한 전환 및 업그레이드 유도

　문화와 관광의 통합적 우세를 살려 전통문화를 현대적으로 변화시켜 문화와 관광의 통합적 장점을 살리고, 전반적으로 사회 현대화 발전을 촉진한다. 문화산업은 국민경제의 지주성 산업이다. 관광업은 대중이 만족하는 전략성 지주 산업이고, 문화상품은 정신이 내포된 구현이다. 여러 방면의 창의적 방식을 통해 지속적으로 상호작용 발전, 침투 발전, 융합 발전하여, 서비스 경제 시대에 주요한 역량이 된다. 한편으로는 문화아이디어상품은 관광업의 지속 가능한 발전의 중요한 원동력이 되고, 관광업의 부가가치를 높이고 나아가 중국의 우량한 관광 발전을 촉진하는 필연적인 요구가 되기도 한다. 다른 방면으로, 관광업은 문화 아이디어 산업의 중요한 응용플랫폼, 전시 무대이며, 가치 실현의 기회, 시장 기회, 브랜드화 기회를 가져와 문화 아이디어 산업의 번영과 발전을 촉진한다. 문화 아이디어 관광은 지역문화 발굴, 관광 산업의 보완, 경제 구조조정을 촉진해 지역경제 발전을 이끌 중요 산업 도구와 산업 플랫폼을 만든다. 다방면의 심도 있는 융합 발전이 미래 서비스업 발전에 있어 새로운 포인트 및 이슈가 될 것이며, 중국 문화관광산업의 심화, 브랜드화, 국제화를 크게 촉진해 중화민족의 위대한 부흥을 도울 것으로 예측한다.

　문화는 가치사슬의 기초로, 산업 사슬의 연장과 확장을 진행하고, 아이디어와 관련 산업의 융합을 통해 제한 없이 그 산업 사슬이 확장되어, 문화 아이디어 산업이 기하급수적으로 성장하게 된다.22) 관광문화상품의 발전을 통해 기존의 문화산업이 더욱 지혜롭고, 내포적, 매력적이고, 생명력, 국제 경쟁력이 있고, 발전수요에 더욱 부응할 수 있다. 문화가 엔진 역할을 하게 하고, 전통산업을 활성화하고 전환을 이끌 수 있다.23) 하란산 암각화 문화 아이디어 산업을 발전시키는 것은 객관적으로 말하면, 세계 선진국의 수준을 앞지르고, 국가 전체의 이미지를 향상시키는 것이다. 주관적으로 말하면, 국민의 대중 문화생활을 풍부하게 하고 문화적 품위를 향상시키며, 문화적 인센티브를 충분히 누릴 수 있도록 하는 것이다. 요컨대 하란산 암각화 관광지에서 관광문화상품개발의 최종 목적은 문화를 더 높은 생산력으로 변화시키는 것이다. 중국의 풍부하고 질 좋고 정확한 문화 콘텐츠가 창조적인 발상을 통

---

22) 중레이, 이양 (鐘蕾, 李楊) , 「문화콘텐츠 및 관광상품 디자인」, 중국건설공업출판사, 2015, p.63
23) 季玉群, 「旅遊業經濟文化協同論南京」, 東南大學出版社, 2012, p.235-236

하란산(賀蘭山) 관광문화상품 디자인

해 제품, 산업발전의 심미(審美) 속에 녹아들고, 사람들의 생산, 생활, 생태의 심미 속에 녹아들며, 그리고 시장경제의 규율에 따라, 그것을 세계 각지에 전파, 삽입, 침투시킨다.

2) 문화상품 관련 디자이너를 위한 모형 제공

관광지 문화 자원의 우세에 근거하여, 지역적 특색을 지닌 도형, 색채, 소재, 스타일링 요소의 분석 및 추출, 문화상품 개발의 실시 방법과 과정의 개선, 관련 분야에 종사하는 디자인 연구자에게 명확하고 체계적인 절차 제공, 하란산 암각화 관광지와 기타 전통문화 문화상품 디자인에 대한 모델 제공 등이 본 연구의 가장 핵심적인 목적이다.

제품의 각도에서, 창작인의 지혜와 기능, 천부적 능력에 달려있다. 현대 과학기술 수단의 도움으로 문화자원과 문화상품을 창출, 향상시키며 지적재산권의 개발과 응용을 통해 고부가가치 제품을 생산한다. 문화상품의 연구개발은 그 의미로 말하자면, 디자인을 통한 문화의 재구성과 재창소이나. 풍부한 역사와 문화, 기능의 결합은 사람들이 제품을 사용함으로써, 문화에 대한 이해를 돕고, 문화의 전승을 실현하게 한다.

예술의 각도에서 하란산 암각화의 예술 수준은 중국 고대의 전열(前列)에 있다. 독특한 각화 기법으로 그려진 예술 작품은 북방 소수민족 특유의 풍격을 보여준다.[24] 하란산 지역의 원시 암각화 예술에 대한 연구 진행은 예술과 인류 예술사 전반에 대한 재고와 인식의 정위(定位)를 일깨운다. 암각화 자체의 예술 형식의 특수성을 탐구하고 암각화의 독특한 점을 예술적 시각 기호로 추출하여, 이 기호를 하란산 암각화 관광 문화아이디어상품에 적용하며, 과학적이고 체계적인 디자인 기법으로 문화 상품 디자인을 지도한다. 하란산 암각화의 독특한 시각적 이미지를 만들고, 이것을 디자인 개발 관련 문화 파생상품에 따라, 물질 문화유산의 전승과 발전에 일조하고, 다양한 수요의 세분된 소비층을 만족시킨다.

문화의 각도에서 하란산 암각화 관광문화상품의 디자인 제안이 완성되면 제품의 부가가치를 높일 뿐만 아니라 국민들의 지역문화와 역사에 대한 이해도를 높이고, 문화상품을 통한 각 지역의 독특한 문화적 매력을 전시하는 데 도움이 된다. 소재 혁신, 표현형식 혁신, 제작 공예 혁신, 운반체 혁신 등의 혁신 수단을 통해 시장을

---

24) 賀吉德, 丁玉芳, 「賀蘭山巖畫百題」, 陽光出版社, 2011, p.330-336

Ⅰ. 서 론

향하고, 여행객의 쇼핑 수요를 꼭꼭 둘러싸고 하란산 암각화 관광의 이미지를 깊이 새겨준다. 국제화된 심미적 경향에 더욱 부합되게 하고, 인류예술의 보물이 시장에서 인정받게 한다. 지역의 전통적 특색문화와 문화상품 사이에 교량이 되어, 하란산 관광지의 경제적 효과를 높이고, 닝샤와 관련된 문화산업의 발전을 촉진한다.

3) 하란산 암각화 관광지 특색의 광범위한 보급, 전통예술 살리기

암각화가 자연환경 침식으로 되돌릴 수 없이 소실됨에 따라, 우리는 이미 암각화의 보호는 현재와 미래에 시급히 해결해야 할 중요한 문제임을 의식한다. 암각화가 잘 보존되지 않거나 효과적으로 전승되지 못하면, 머지않아 우리는 암각화라는 귀중한 역사적 재산을 영원히 잃게 된다. 암각화의 보호와 전승을 위해 더 많은 사회적 역량이 필요하고, 더 많은 사람이 알고 관심을 갖고 힘을 쏟아야 한다. 따라서 보다 광범위하고 효과적인 전파, 빠른 현대적 디자인 수단으로 암각화가 대중 속에서 인지도 및 관심도를 높이고, 암각화의 문화재적 가치를 더욱 인정받음으로써, 암각화에 대한 전 사회적 보호 의식의 제고가 더욱 절실하다. 전통적인 하란산 관광 문화상품 개발연구는 아직 걸음마 단계이다. 많은 제품이 직접 기존 암각화 이미지를 시각 기호로 써서 단순 반복 및 복제하는데, 예를 들어 암각화 사진을 각인한 흰색 머그컵, 티셔츠, 카드에 새긴 것이다. 독특한 하란산 문화 기호가 부족하고, 제품이 세심하게 마감 처리를 못 하고, 암각화 배경 이야기가 녹아들지 않아 차별화를 이루지 못하고 전국 각지의 관광상품과 동질화 현상이 심각하다. 따라서 본 연구의 의의는 하란산 지역의 원시 암각화를 깊이 있게 분석하여 소재, 분포, 제작 기술, 예술적 특징, 스타일 등 다양한 각도에서 접근, 원시 선민의 감정을 암각화를 통해 현대인과 소통하는 것에 둔다. 우리는 다시 현재 수요에 부합하는 문화상품의 새로운 경로를 모색해야 한다.

문화상품 디자인의 감각이 떨어져 하란산의 우수한 지역 특색은 세계적으로 인지도가 낮다. 현재 사회는 급속하게 발전하고, 중국의 문화 소프트파워는 국제 경쟁 속에서 위상이 나날이 두드러져, 문화 혁신이야말로 부강으로 향하는 중요한 조건이 되었다. 이런 상황에서 오천여 년 전통문화를 가진 중국이 어찌하면 중국의 전통예술을 알맹이는 그대로 둔 채 현대의 생활발전 추세에 맞게 할지, 글로벌 경제문화 경쟁에서 '에이스 카드'가 되게 할지 거대한 도전에 직면해 있다. 전문화된 디자인 이념과 전통 미학을 결합한 사고는 전통문화의 핵심을 더욱 깊고 정확하게 하

하란산(賀蘭山) 관광문화상품 디자인

고, 동시에 특정 제품의 수요에 따라 그 분야의 다른 전통문화 콘텐츠에 치중해 취사(取捨)선택할 수 있다. 완전한 문화상품의 기획+방법+디자인이라는 이론적 모형을 통해 이성적 사고와 객관적 분석 기초에서 재창조하고, 하란산 암각화의 전승과 발전을 이루고, 천백 년 된 정수(精髓)를 빛나게 하고, 전통예술이 살아있게 한다.

4) 생활의 심미 속에 녹아들어, 세계 각지로 전파·침투

관광문화상품은 한 국가 혹은 지역의 역사와 문화의 축소판이고, 구매하는 각종 관광상품은 관광에서 뺄 수 없는 부분이다. 강력한 디자인 역량 속에서, 관광 상품은 사람들에게 혁신적인 경험을 주고, 사람들이 현지의 특색 있는 관광문화상품을 가져갈 때, 그의 의미도 함께 가져가고, 관광지의 정서가 다시금 연속으로 승화한다. 문화상품을 느끼고 구매하는 주체가 일반인 위주여서 보다 섬세한 감정체험을 보장하고, 전통 문화적 요소를 결합해, 소비자의 마음을 움직이려는 초심에서 출발했다. 소비자는 미적 과정에서 자아를 실현하고 상품 기호의 교량으로 자신의 문화와 가치 정체성을 구축하고 밝힌다.

상품 디자이너는 선, 색상, 무늬, 소재 등의 기호를 통해 미적인 예술을 창조하고, 이러한 기호의 특징을 미적 감각을 생산할 수 있는 특정 소비자층에 전달함으로써 문화와 가치를 인정받고자 한다. 문화와 가치의 정체성이 형성되면 그들은 바로 소비하는 경향이 있다. 문화상품의 생산은 현실적 필요, 시대적 필요, 대중적 필요이다. 그만큼 풍부한 문화자원은 대중문화에서는 없어서는 안 될 원천수이다. 최근 고궁 타오바오(淘宝)에서 아이디어 난징(南京), 디지털 둔황(敦煌)에서 '디자인 베이징(北京)'으로, 2022년 2월 베이징 동계올림픽 기간 판다 빙둔둔(冰墩墩)을 마스코트로 한 문화상품이 국내외를 휩쓸면서 예술과 과학기술, 트렌드의 요소로 우수한 전통문화자원의 창조적 전환을 촉진했다. 문화 상품은 중화 문화를 해외로 진출시키고 중국의 현대적 아이디어 디자인의 수준을 선보이는 새로운 운반체이다.<표 1-3>

I. 서론

<표 1-3> 중국 내 콘텐츠 성공사례

고궁 타오바오(淘宝)	
아이디어 난징(南京)	
디지털 둔황(敦煌)	
디자인 베이징(北京)	
빙둔둔(冰墩墩)	

오래된 하란산 암각화에 대해 점점 더 많은 중외(中外) 관광객들이 찾고 있으며, 하란산 절벽의 기괴하고 신비롭고 이해하기 어려운 암각화에 감탄하고, 그 깊은 골짜기에 한눈에 반한다. 관광객들이 암각화에 대해 궁금해할수록 암각화의 역사와

하란산(賀蘭山) 관광문화상품 디자인

스토리에 대해 알고 싶어 한다.25) 그러나 암각화는 거대하고 우뚝 솟은 산 석상(石上)에 있어 근거리에서 볼 수 없거나, 암각화의 예술적으로 깊은 의미를 이해할 수 없다. 이것이 우수한 전통문화의 효과적인 확산을 저해한다. 대중들의 삶에 맞는 미적 전파 경로를 찾고, 고전은 관광지와 박물관을 벗어나 생활 속으로 들어가, 대중이 자양과 침윤을 받게 해야 한다. 본 연구는 하란산 암각화의 독특한 점에 대해 일련의 예술 시각 기호를 추출하여 하란산 암각화 관광문화상품에 응용한다. 하란산 암각화를 국제화의 심미적 경향에 부합하도록 더욱 널리 보급하고, 지역 전통 특색 문화와 관광 브랜드 사이에 교두보를 마련하고, 관광 브랜드화가 전통문화의 전승과 혁신을 촉진하고, 세계 각지에 전파, 침투하게 하려는 목적을 갖는다.

1.2 선행연구
1.2.1 중국 연구 종합 서술

현재 은천시 하란산 암각화 관광상품에 대한 연구논문이 많지 않고, 하란산 암각화의 고고학 연구와 기초이론 등에 집중돼 있어, 대부분은 암각화 자체에 대한 보호와 조사연구이다. 반면 은천시 하란산 암각화의 지역문화 특색과 문화상품 개발을 결합한 연구는 아주 드물고, 구체적인 제품 디자인 평가지표를 활용한 제품개발 지도에 관한 논문과 저서도 많지 않다. 문화산업과 관광산업에 대한 이론 연구에 관하여 산업 융합론을 도입한 것도 이제 막 걸음마 단계이다. 문화와 관광의 융합이 현실적 발전과 정책의 추진에 따라, 최근 몇 년 사이 학계에서는 문화산업과 관광산업 융합에 관한 이론적 논의가 화두로 떠오르고, 학술적 성과도 꾸준히 늘고 있다.26) 동시에 문화와 관광의 융합이라는 이 언어에서 관광상품 건설을 논의한 연구 성과도 나오고 있다.

중국 최대 학술논문 데이터베이스인 지망(知網)의 문헌 키워드 사공현도보(辭共現圖譜)를 빌려, 하란산 암각화 문화상품 연구사를 정리하고 하란산 암각화, 문화상품, 문화 선물, 관광 기념품, 관광문화, 파생상품, 주변 제품 등의 키워드를 하나씩 검색해, 연구의 치중점을 파악하고 그것들의 관계를 분명히 했다.

중국 국내 관광 문화상품에 대한 연구 성과는 1983년에 처음 나왔고, 당시에는 관광 기념품이라는 단어가 비교적 많이 등장했다. 연구 기간은 길지 않지만, 이미

---
25) 吳峰云,「西夏文化遺産」, 文化遺産出版社1988, p.150
26) 楊春光,「著力促進寧夏文化與旅遊産業融合發展」, 求是, 2013, p.28

I. 서론

다량의 학제적 연구성과가 나왔고, 문화상품 연구의 가장 중요한 전기 성과가 되었다. 이 분야에서 주목하는 주요 학과는 관광학, 고고학, 설계학, 경제학, 경영학 등으로 각각 다른 방향에서 참고 자료를 제공했다. 이하 예시로 2010년~2021년 대표적인 연구 성과.<표 1-4>

<표 1-4> 하란산 암각화 문화상품 부분의 대표적 연구 성과

학과	논문 제목	저자 정보	연도
관광학	영혼으로 삼아 관광업의 품위를 올리다	Lian Xiaofang, Wang Jianhong 닝샤일보	2010
	관광객 만족도를 기반으로 객가(客家)문화 관광개발 연구	Yu Wanyuan, Feng Yafen, Liang Chinmei, 지리과학	2013
	국내외 문화관광 연구비교와 전망	Zhu Mei, Wei xiangdong, 지리과학진전	2014
	상시에 중국 지역 관광 발전 전략에 관한 사고	Ge Quansheng, Xi jiancha, 지리과학진전	2015
	중국 관광도시 이미지 감지 특징과 구별	Xu Xiaobo, Zhao Lei, Liu Binyi, Wu Bihu, Zhong Yuena, 지리연구	2015
	닝샤 하란산 문화관광일대 관광자원 평가	Li Winfei, Li Xia, 허베이 관광직업대학학보	2016
	문화 아이디어 관광 발전 연구: 메커니즘과 패턴	Wang Xin,, 베이징 대학 출판사	2018
도상학	20년 간 하란산 암각화의 연구와 전파	Wang Bangxiu,, 중국건축공업출판사	2001
	「하란산 암각화 연구」	박사학위 논문	2012
	하란산 지역의 원시 암각화 예술 스타일 연구	Wan Qianqian, 시안 공과대학	2014
	하란산 암각화의 그림학 연구	Gou Ai ping, 중앙민족대학, 박사학위 논문	2018
	하란산 암각화의 그림 어의 식별 연구	Gao Man, 닝샤대학, 박사학위 논문	2019
	그림학 시역(視域)아래에서 언어방향-평동영생교수「중국 암각화의 문헌학 연구」	Zhou guowen, 창의와 디자인	2021
디자인	중국 전통 마스코트 도안의 현대 디자인에서의 혁신과 응용 연구	Dong Xue Lian, 화학공업출판사	2008
	관광 기념품 속 지역 문화 요소 디자인	Qiao Jin, 포장공학	2015
	관광 기념품 및 관련 문화아이디어상품에 기초한 디자인 전략	Mo Lian, 포장공학	2016
	문화아이디어상품 가치의 실현 경로의 시험 분석	Luan Hailong, 중국시장	2016
	하란산 암각화 관광 문화 아이디어 브랜드 연구	Li Zuwei, 닝샤대학, 박사학위 논문	2019

하란산(賀蘭山) 관광문화상품 디자인

	문화산업 인센티브 시대에 지역성 문화아이디어상품의 미적 연구	Zhang Nina, 중국문화보	2021
경제	혁신으로 문화 아이디어 산업 발전의 선도	Ni Yanxin, 베이징 문화포럼	2012
	문화산업과 관광산업의 융합과 혁신발전 연구	Li Feng, 베이징: 중국환경출판사	2014
	중국 문화 산업과 관광 산업의 융합 발전 분석	Lu Hongmei, 경제연구참고	2015
	닝샤 문화관광산업 국제화 발전 경로 연구	Li Dan, 닝샤대학, 박사학위 논문	2018
	문화 관광 산업의 고품질 발전의 가속화	Zhang Xiaoyi 선샤인출판사	2019
경영	문화유산 관광의 발전과 관리	Zou Tongzhong, 베이징: 중국관광출판사	2010
	닝샤 관광 자원 개발에서 정부의 기능 연구	Wang Bing, 샨시사범대	2014
	'Web of Science' 기반에서의 관광관리 연구정보 시각화 분석	Li Chung, Zhao Jun, 관광학보	2014
	자연보호구역 생태관광 관리대책 연구	Chen Lu, 난징임업대학, 박사학위 논문	2015

1) **관광학:** 이 학과는 관광기념품의 정의, 분류, 의미, 현황 및 발전대책 등을 주로 연구했다. 이러한 연구성과는 이미 고전문헌이 되어 다운로드 수, 인용량 모두 많으나 발표 시기가 적어도 10년 전이다.
2) **도상학:** 미술사 연구 방법론의 일종으로, 인문주의적 입장에서 예술 작품의 주제와 의미를 해석하는 방법이며, 작품의 함의성에 주목하여 하란산 암각화 연구에 있어서 형식주의와 다른 방식을 제공한다.
3) **디자인학:** 제품 스타일링, 패키지 디자인, 디자인 포지셔닝, 디자인 창작, 문화 특징 추출 등의 방면에서 시작해, 제품 기호학, 제품 어의(語意)학, 디자인 문화, 인터랙티브 디자인, 재미있는 디자인, 브랜드 이미지 디자인, 서사학 디자인 등 이론적 방법에 대한 연구를 전개한다.
4) **경제학:** 문화상품 산업과 지역경제에 미치는 영향 등의 관점에서 접근하며, 관련된 정책성과는 '관광기념품'에도 적용된다.
5) **경영학:** 문헌은 100편 미만, 연구의 주요 방향은 '관광기념품' 마케팅이지만, 이 학과에서 전문적 관점에서 제시한 마케팅 이론은 '문화상품' 마케팅에 대해 제시한다.

Ⅰ. 서 론

1.2.2 국외 연구 종합 서술

국외 학계, 특히 영문학계의 경우 아직 문화산업과 관광산업의 융합 개념을 명확히 제시하지 않았으나, 관련된 응용적 연구는 이미 풍부하다. 주로 두 연구분야에서, 문화산업 연구자들은 문화가 가진 관광기능을 탐구하고, 관광 연구자들은 문화 관광 연구에 주목한다. 연구의 시각은 주로 문화 관광의 내재적 한계와 관광 발전에 대한 중요한 의의에 치중하고 관광지 운영의 주체인 문화가 관광업에 미치는 긍정적 의미, 문화적 사건이 관광업에 미치는 영향, 문화유산과 관광 사이의 관계 등에 무게를 둔다.

문화 관광의 내재적 한계와 관광 산업 발전에 대한 중요한 의의는 줄곧 문화와 관광의 융합 연구에서 중요한 내용 중 하나이다. 캐나다 학자 테기 데브스(Taggey Debes)는 문화관광이 관광 산업에서의 중요한 역할을 강조한다. 그의 글 <Cultural tourism: a neglected dimension of tourism industry>에서는 지중해의 작은 섬 북키프로스 투르크 공화국을 예로 들며 문화관광은 관광업을 주요 경제 공급원으로 하는 작은 섬에서 중요한 역할을 한다고 설명한다. 그는 관광의 정책 제정자들이 관광지의 문화적 가치를 확실히 정하지 못하고, 적절한 전략을 취해 본래 상태(authenticity)를 회복할 수 없다면, 문화의 많은 독특성이 효과적으로 이용되지 못하고, 심지어 점차 상실될 가능성이 높다고 지적했다.[27]

알바니아 학자 치아라 거라우(Chiara Garau)는 그의 최신 연구 성과에서 보다 넓은 시야에서 문화관광의 전통적 경로를 되새겨보고, 최신 기술 발전을 결합해 문화관광, 특히 '문화도시 관광'에 대한 배치와 디자인을 재고하려 했다. 이를 위해 세 방면에서 검토를 했는데, 하나는 문화관광(cultural tourism)이 오늘날 어떻게 새로운 기술로 강화되고 있는지를 보여주는 것이다. 둘째, 문화유산관광(tourism of cultural heritage)이 어떻게 스마트관광(smart tourism) 분야의 일부분이 되었는지, 또 어떻게 오늘날 중요시 되고, 강화되었는지에 대해 그의 개괄을 제공한다. 셋째, 문화관광에 대한 전략적인 조치 방법을 얻는다.[28]

현재 한국 문화산업이 발전할 수 있었던 것은 정부의 문화입국(文化立國)의 정책 실현이 비교적 잘 정착되었기 때문이다. 20세기 1980년대 한국은 기본적으로 산업

---

[27] Taggey Debes, Cultural tourism: a neglected dimension of tourism industry, 2019
[28] Chiara Garau, "Emerging Technologies and Cultural Tourism: Opportunities for a Cultural Urban Tourism Research Agenda," (New York: Springer, 2016, p.67-80.

하란산(賀蘭山) 관광문화상품 디자인

화 개조를 마쳤고, 경제 발전은 문화 산업의 급성장을 이끌었다. 1986년 한국 정부는 제6차 경제개발 5개년 계획에서 '문화발전과 국가발전의 동시화'를 제시하고, '문화산업'도 별도 개념으로 지적했다. 이후 문화는 주도적으로 해외 발전 전략을 내세웠고, 문화의 대외 수출을 대대적으로 육성했다. 국민정부의 새 문화정책, 문화산업진흥기본법 제정의 한국의 문화산업 발전을 위한 중장기 목표를 세웠고, 이후 '문화한국 21세기 구상', '문화산업 발전 5개년 계획' 등이 계속해서 나왔다. '문화입국' 전략을 내세운 이래 경제는 이미 '한강의 기적' 이후 두 번째 도약을 하고, 동시에 관광문화상품의 급성장을 이끌었다.29)

그리고 문화적 이벤트와 문화관광 발전 사이의 관계를 탐구하는 학자도 있다. 리우이더(劉翼德)는 유럽에서 문화 관광의 주요 형태 중 하나가 끊임없이 늘어나는 문화 이벤트의 등장이라고 지적했다. 유럽 문화의 도시 선정 행사는 유럽 문화 관광의 새로운 발전 추세를 보여주는 가장 좋은 예가 될 수 있다. 본 논문은 사례, 문헌을 통해 20여 년 동안 유럽 문화의 도시 활동 발전과정과 '유럽 문화의 도시' 선정 활동이 문화 관광의 성장, 경제 발전, 도시 이미지 향상, 도시 부흥, 문화상품 및 문화 소비 촉진 등에 미치는 영향을 분석했다.30)

1.3 연구범위와 방법
1.3.1 연구 범위

본 연구는 관광 문화 상품을 대상으로 한다. 하란산 암각화의 유형 및 특징, 기존 지역특색 관광문화상품의 발전상황을 고찰하고, 하란산의 기존 관광문화상품에 대한 조사연구를 통해 AHP 차원 모형으로 문화상품의 디자인 지표를 확정하고, 하란산 지역요소를 추출과 결합하여 전통문화와 제품의 융합방식을 찾는다. 연구범위는 이론범위, 조사연구범위, 실천범위 등 세 가지로 논의한다.

1) 이론 연구 범위
선정은 닝샤성 은천시 하란산지역을 연구 구역으로 하고 이 지역의 특색 있는 암

---
29) 陳曉偉,「絲綢之路沿線各國文化產業發展潛力巨大」, [J], 中國經濟周刊, 2014.(12), p.244
30) Liu, Yi-De,「Cultural Events and Cultural Tourism Development: Lessons from the European Capitals of Culture.」 European Planning Studies 22, No. 3(March 2014), p.498-514

각화에 중점을 두었고, 그중 하란산 주맥(主脉)의 절벽, 독립암석, 주변암석 위에 그려진 암각화 그림(圖像)에 집중되어 있다.

2) 조사 연구 연구

범위는 이미 공표한, 학술적 대표성이 있는 이미 출판한 중요한 저작물에서 수집한 논문, 저서, 정부 홈페이지 데이터, 이용자 만족도 등을 주요 내용으로 한다.

3) 실천 연구 범위

디자인 주제의 확정, 디자인 방법의 추출, 주제를 둘러싼 세로와 가로 디자인을 전개한다.

Thinking Map은 아래와 같다.

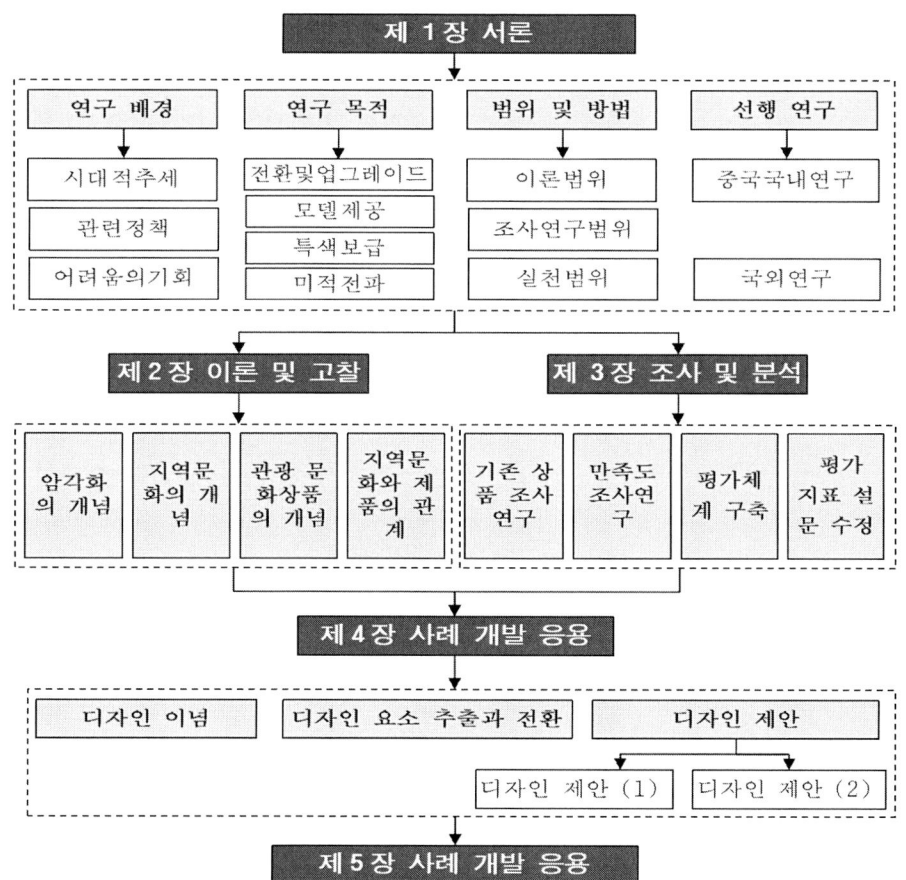

<그림 1-8> 논문 연구 발상

하란산(賀蘭山) 관광문화상품 디자인

1.3.2 연구 방법

제품은 궁극적으로 현대인의 미적 감각과 최소한의 일상적 사용의 수요를 만족시키기 위한 새로운 기능과 이념을 갖고, 디자이너는 필수적으로 '현대화'된 디자인 기법을 효과적으로 개선해야 하고, 중복과 재판을 하지 않도록 한다. 본 과제의 주요 연구 방법은 다음과 같다.

1) 문헌 분석법

중외 문헌, 중국 학술논문 데이터베이스 지망(知網/CNKI), 정부 통계연감, 닝샤 관광 공식 홈페이지, 정부 홈페이지 및 신문 기사에 대한 열람과 자료수집을 통해, 닝샤 은천 관광 및 지역 문화와 관련된 연구 문헌을 정리하고, 하란산이 최근 연구하는 자료를 파악하여 지리적 위치, 역사 베어링, 암각화 소재 내용, 암각화 현황의 이해 등을 포함한 문제 선정을 진행한다. 다양한 학과의 관점에서 교차하여 관련 주요 자료들을 요약한다. 하란산 암각화 관광시의 관광환경과 역사직 맥락, 기존 관광문화상품의 발전 현황과 문제 연구, 관련 분야의 동태 발전에 관련된 책으로 나누어 논문의 전기 연구에 대한 'Thinking Map'을 제공한다.

2) 현지 조사법

현지 방문 및 설문조사를 통해 선행 연구를 전개하고 이론적 배경을 확립한다. 은천시 하란산 암각화 관광지의 관광문화상품 현황을 정리하여, 성별, 연령별, 직업별로 참여자를 무작위로 선별하여 관광문화상품에 대한 관심과 지역 특색 문화전파가 참여자에게 미치는 영향력을 조사·연구한다. 현지 조사 연구 중, 문헌 자료와 현장 분석을 서로 결합해 현지에서 근무하고 생활하는 주민, 관리자, 개발업자와 좌담을 통해 프로젝트의 1차 자료를 파악한다. 중국 국내의 전형적인 프로젝트에 대한 분석 연구를 통해 문제 해결의 방법을 제시한다. 하란산 관광지역의 지역 특색 관광문화상품 개발 디자인 연구경로를 위한 일정한 참고와 사실적 근거를 제공한다.

3) 사례 분석법

중국 국내외의 관련된 사례의 비교 연구, 각종 자료 수집 및 분류, 정리, 과학적이고 완전한 시스템 체계를 요약한다. 이미 개발된 디자인의 암각화 문화 아이디어

I. 서 론

성공사례를 종합하여 분석하고, 관련된 아이디어 성공사례 경험을 총정리한다. 서로 다른 사례를 가로로 비교하여 문제에 대한 최선의 해결 방법을 찾는다. 예를 들어 논문 제4장의 두 가지 디자인 제안은 각각 하란산의 사계절과 암각화의 대표적인 태양신을 기반으로 한 후 암각화 문화전파의 제반 요소를 구체적으로 탐구하여 과학적인 디자인 기법을 얻는다. 그리고 이 디자인 기법을 지도하여 상품 자체의 가치에 문화적 포인트를 주어 관광상품의 당대의 매력을 보여주며, 하란산 암각화 관광지 문화상품의 디자인을 완성한다.

4) 차원 분석법

하란산 관광기념품 개발 과정 중 존재하는 문제점을 차원 분석모델주성분 분석법로 문화아이디어상품의 디자인, 제품 디자인의 지표를 정한다. 각각의 요소 사이의 중요도를 비교, 판단 매트릭스의 일치성을 검증하여, 각 요소의 가중치를 정하고, 모호한 차원 분석법을 운용하여 하란산 암각화 문화상품의 종합평가 모델을 구축한다. 본 논문에서는 문화 아이디어 상품의 문화 콘텐츠 전달성과 이용자 만족도 부족의 문제, 문화 아이디어 상품 평가 지표 시스템의 구축 방법과 과정을 연구한다. 판단 매트릭스를 구축하여 평가 계산 모델을 만든다. 실제 응용을 통해 검증된 평가지표 체계는 사용자의 만족도와 문화 콘텐츠의 전달 정도를 효과적으로 반영할 수 있고, 문화 아이디어 상품의 디자인 포인트를 찾아 관광문화상품 개선에 믿을 만한 근거를 제공한다.

에듀컨텐츠·휴피아

II. 하란산 암각화의 이론 고찰

2.1 암각화의 개념과 유형

암각화(Petroglyph)는 바위굴, 암벽 벽면, 독립 암석 위에 있는 채화, 선각, 부조를 총칭한다.[31] 인류는 일찍이 시각적 표현을 했는데, 이는 그림(圖像/graphic)으로 정보를 얻고 전파하는 방식으로, 잊혀진 우리 인류의 오래된 유산이자 문화의 뿌리다. 그림은 문자 발명 이전 인류가 가지고 있던 가장 크고 번창한 파일을 이루고 있다. 선사시대부터 이어져 온 조형예술의 한 축으로서 민속학, 문화인류학, 기호학 등을 연구하는데 참고의 가치가 있다.[32] 그것들을 다시 발견하는 것은 우리들 자신의 초기의 역사를 재발견하는 것이며, 인류의 기원적 사고, 관찰, 교류의 방식을 보여주는 것이다. 이런 것은 오늘날 우리의 삶에서 완전히 사라진 것은 아니다. 또한 암각화에 대한 연구도 인류 초기 그림 예술에 대한 연구로, 당대의 그림을 얻고 정보를 전파하는 방식과 동일한 원칙 및 패러다임을 갖고 있다. 이는 인류문화로 말하자면 근본적이며, 지역이나 국경을 초월하여 인류 전체를 포용한다. 또한 암각화의 이채로운 예술적 형식미는 연구자들에 그치지 않고 점점 더 일반인들의 흥미를 불러일으킨다. 중국 암각화는 닝샤 하란산 암각화, 윈난 창웬 암각화, 신장 쿠루크산 암각화, 쓰촨 간쯔석 거대암각화, 쟈위관 흑산 암각화, 내몽고 대흑산 인면 암각화, 광시 닝밍화산 암각화, 장쑤 렌윈강장군 절벽(崖)암각화 등이 대표적이다.

닝샤성 은천시에 위치한 하란산 암각화는 상고시대 하란산의 자연환경과 북방 수렵·목축인의 생산 방식 및 사회·경제 형태를 기록한 것으로 초기 인류의 조형예술이자 인류 문화 예술의 효시이다. 하란산 암각화의 주제는 매우 광범위하다. 2004년 말 하란산(賀蘭山) 센서스 통계조합에서 약 5,000여 점(폭) 이상의 그림(graphic) 조합과 2만 7,000여 점의 조합이 이뤄졌다. 기록된 암각화 단본 그림(monomer image)은 1만 9,752점으로 하란구 약 10㎢에만 암각화 2,300여 점, 개체 그림은 6,900여 점으로 세계적으로 공인된 암각화 주요 분포지역 1㎢당 10 개점(폭), 기준

---

31) Li Z X. The protection situation and the task of the Dunhuang grottoes. Dunhuang Research, 2000(1), p.10-23
32) Emmenual Anati. World Rock Art : The Primordial Language [M]. Oxford : Ar-chaeopress, 2010, p.14

하란산(賀蘭山) 관광문화상품 디자인

의 57배를 웃돈다. 하란산 암각화는 현재 중국과 세계에서 남아 있는 암각화가 가장 많이 발견되고 밀집된 곳 중 하나이다.

1997년, 유네스코 국제암각화위원회는 하란산 암각화를 세계문화유산 예비 목록에 등재하였다. 한 전문가는 금세기 말까지 자연 풍화로 인해 전 세계 암각화의 1/4이 완전히 소실될 것으로 예측하였다. 자료에 따르면, 하란산은 중국의 암각화 지대 중 암각화 분포 밀도가 가장 높고 개수가 가장 많은 곳이다. 암각화 종류가 다양하고 역사가 깊어 중국 유목민의 예술 박물관이라고 불리기도 한다. 하란산 암각화는 고대 북방 유목민족의 미의식의 구상적 표현으로, 당시 창작자의 이상, 의지, 감정을 담고 있으며, 호방하고 소박한 스타일로 예술적 매력이 아주 뛰어나 현대의 예술 디자인에 영원한 영감의 원천을 제공한다. 새김질을 한 당시 사람이 표현하려는 의지가 서로 달라, 암각화의 종류도 다양하다. 암각화의 예술성분을 더 잘 분석하기 위해, 이 장에서 동물 암각화, 식물 암각화, 인상 암각화, 생활그림 암각화, 기호 암각화의 다섯 가지로 나누어 분석하고, 이를 통해 암각화의 전체적인 스타일을 요약할 토대를 마련했다.<표 2-1>

<표 2-1> 암각화의 다섯 가지 유형

분류	대표 암각화	설명
동물 암각화		동물 암각화는 암각화의 가장 보편적인 유형이다. 양, 소, 사슴 등 야생동물이 대부분이며 서 있거나 걷거나 달리는 등의 동작을 그렸다.
식물 암각화		하란산 암각화에는 식물을 소재로 한 암각화가 일부 존재하며, 주로 데생(마주나기) 형태의 복엽 식물과 이삭을 그렸다.
인물 암각화		하란산은 세계에서 인물 암각화가 가장 많이 발견된 지역이다. 시대와 역사적 배경에 따라 암각화의 특징도 조금씩 차이가 있다.
생활 암각화		생활 암각화는 수렵, 전쟁, 춤, 방목 등의 생활상을 그렸으며 대부분 무리의 모습을 그렸다.
기호 암각화		기호는 문자 이전의 소통 도구이다. 이는 원시 인류가 정보를 전달하고 사물을 기록하기 위해 사용한 수단이며 설명의 기능을 갖는다.

Ⅱ. 하란산 암각화의 이론 고찰

2.1.1 동물 암각화

하란산은 고대에 북방 소수민족의 집결지와 중요한 농목지여서 가축과 각종 야생동물을 주제로 한 암각화 수가 방대하다.33) 암각화 속 동물 형상은 기록적 역할 외에도 종교적 역할도 한다. 인간은 저급한 생리적 욕구를 충족시켜야만 고급의 심리적 욕구를 추구하고, 먹고 사는 문제가 해결되어야 비로소 정신적 기쁨을 찾을 수 있다. 그들의 중요한 양식인 동물들은 신비한 색채를 띠게 되고, 먼 고대 선민들은 동물 이미지를 바위 위에 그려 산신에게 제사를 지내고, 수렵의 성공이나 풍년을 기원했다.34) 동물의 형상과 인간의 정신적 창조가 결합하여 일련의 신비롭고 다양한 암각화 형상을 낳아 현대 예술 창조에 무한한 가능성을 제공한다.

동물상 암각화는 가장 흔하게 볼 수 있는 종류로 크게 묘사되는 대상은 양, 호랑이, 사슴 등 야생동물이다. 하란산 암각화 지역에서 자주 볼 수 있는 방대한 수의 암(巖)양 무리는 몸매가 씩씩하고 아름다워 사람들에게 주목받았고, 옛날 사람들은 오랜 시간 양의 형태를 관찰한 후 그들의 서고, 걷고, 뛰는 등 다양한 형태의 양 형상을 새겨 넣었고, 생동감 있고, 자태가 살아 숨 쉬는 듯 간결하고 천진한 암각화 이미지는 고대인의 창조적 재능을 여실히 보여준다. 선민은 생생하게 양의 형상을 새긴 뒤에 또 특별한 의미를 부여했다. 양의 털가죽은 보온용, 고기는 식용으로 사용했기 때문에 양이 사람들에게 크게 공헌했다고 보고, 그런 이유로 옛사람들의 눈에 양은 길하고 선량한 상징으로 여겨져, 악을 물리치고 혼을 달래는 역할을 해왔다. "암각화 형식을 이용해 양 마리의 형상을 하란산 가파른 석벽에 경건하게 새기고, 동물의 초자연력을 빌려 아름다운 삶을 추구하려는 옛 사람들의 염원을 표현한 것이다.35) 아름다운 축원을 담은 암 양의 이미지는 문화와 예술이 결합된 본보기로 하란산 암각화에 보다 많은 문화적 의의를 더한다.

하란산 암각화에서 양 숭배 못지않게 호랑이를 숭배한다. 허난 푸양 서수파 유적지에서 출토된 조개껍질 모양의 '천하제일용호(天下第一龍虎)'가 중국 호랑이 문화의 첫 페이지를 열면서, 화하(華夏)대지에 호랑이 숭배의 풍습이 일어나기 시작했는데, 하란산 암각화에서도 이러한 숭배의 의미를 발전시킨 것이 '호식인(虎食人) 암각화'로,36) 이 그림은 백호가 무당을 발톱 아래로 딛고 무당의 머리를 잡아먹는

---

33) 楊淑霞,「寧夏回族文化旅遊的分析及對策研究」, 寧夏師範學院學報, 2012, p.46
34) 朱狄,「原始文化研究」, 生活.讀書.新知三聯書店, 1988, p.98-102
35) 賀吉德,「賀蘭山巖畫百濟」, 陽光出版社, 2011, p.131

하란산(賀蘭山) 관광문화상품 디자인

그림을 묘사한 것이다. 이는 실질적으로 무당이 백호를 통해 뛰어난 통천(通天) 능력을 얻었음을 극구 상징하는 장면이다. 전체 화면은 일종의 신비로운 미감을 드러내는데, 바로 먼 옛날 선민의 토템숭배이다. 그들은 호랑이의 윤곽을 새긴 뒤, 그 안 그림에 자질구레한 꽃무늬를 새겼는데, 호랑이가 하늘을 향해 길게 울부짖는 듯한 형상으로 그 위용을 실감나게 재현하고 강대한 힘에 대한 갈망과 축원을 표현한 것으로, 전체적으로 보면 암각화의 예술문화적 가치가 높다.

2.1.2 식물 암각화

다른 종류 비해, 식물 암각화의 수는 비교적 적다. 공개 자료에 의하면, 호주 킴벌리지역 암각화의 식물 형상인 마(Dioscorea)는 식물 형상의 근원이고, 음하 암각화에는 뽕나무의 직물 도안이 있어, 양잠업이 발전한 상징으로[37], 장쑤성 롄윈강장군 절벽 암각화 남쪽 입구에는 천체숭배와 관련이 있는 것으로 여겨진 성상도(星像圖)와 식물 몸 사람얼굴의 호형(弧形) 거석이 있다.

하란산 암각화에서 처음 문화사에 중요한 암각화 종류인 이삭과 잎 모양의 식물 그림이 발견됐다. 민간의 자연숭배 속에서 식물숭배는 매우 중요한 부분이다. 만물에 혼이 있다는 관념 아래 일부 수목과 화초는 어떤 영성과 신력이 부여된다. 어떤 이는 식물을 '농신(農神)' 형상으로 표현하고, 선민의 생존에 대한 염원으로 보는데, 또한 생식숭배의 표현으로 무성한 식물과 같은 번식능력을 원하고, 선민 조상숭배의 표현으로 선민의 생명의식과 유사하게 농업에 종사할 가능성이 높았던 것으로 보는가 하면, 당시 인류가 농경시대로 접어들어 선민의 식물신 숭배(토템 숭배)도 반영되었다.

예를 들어 나무는 민간에서 흔히 신령이 깃든 곳으로 여겨지는데, 키가 크고 굵고 무성한, 모양이 괴상한 나무들은 모종의 신비로운 색채를 띠고 있으며, 미신들에게 제사로 섬겨졌다. 식물이 생장하는 과정을 관찰하여 발아하고 뿌리를 내리고, 과실을 맺는 등 최초의 사람이 생산하는 것을 연상하며, 많은 과실의 모양과 사람의 두상이 흡사하고, 가지와 잎이 사람의 몸통 같은 생각, 이러한 사고를 이미지로 표현해 절벽 위에 새기면 식물류 암각화를 남긴다. 식물은 생명력의 본질을 나타내는 상징으로 봄이 왔음을 예시한다. 원시인류를 볼 때 봄철 변화는 기후학적 현상이

---

36) 賀吉德,「賀蘭山巖畫百濟」, 陽光出版社, 2011, p.275-281
37) 張曉彤,「內蒙古陰山巖畫視覺言語研究」, 內蒙古師範大學, 博士學位論文, 2020, p.104-105

아니라 특별한 신력의 조종을 받아 모종의 제례의식을 거행하면 봄을 불러온다.38) 봄은 만물의 생장을 의미하며 암각화 자체도 원시인류가 광대한 자연을 향한다는 것을 반닝샤여, 토지요구는 선민의 당연한 소망이며, 이러한 소망을 그림으로 형식으로 바위에 새겼다.

2.1.3 인면상(人面像) 암각화

"인면상 암각화는 원시인류가 마음속의 신령도깨비, 토템동물, 그리고 다양한 숭배 대상에 인면 형상을 부여하기 위해 만든 암각화를 말한다." 오래된 인면상 암각화는 인류와 가장 친근하고 가장 비슷한 도안형식으로 원시 인류의 천만년 동안의 고생과 고통, 기쁨과 희열을 담고 있으며 인간 정신의 구상적 표현이며 인간 의식의 물질적 생산물이다.39) 허지드(贺吉德)는 저서에서 이러한 인면상 암각화는 선민 숭배 의식의 인격화라고 정의하고 있다. 선민들은 이와 같은 숭배의식을 암각화에 구현하기 위해 기초적인 인면상 암각화에 장식적 요소를 많이 첨가했는데, 이러한 의도적인 첨가는 인면상 암각화의 대다수가 무늬가 번잡하고 신비롭고 기이한 아름다움을 나타낸다. 이들 스타일이 괴상하고 종잡을 수 없는 인면상 중 가장 예술적 색채를 띠고 있는 것이 '태양신' 인면상이다. 태양토템 숭배의 출현은 "태양이 동쪽에서 뜨고 서쪽으로 지는 것, 달이 흐리고 맑은 것, 보름달과 모두 신비감으로 충만하다. 자연숭배가 생겨났고 만물에 혼이 있는 신앙적 특성을 갖게 됐다."40)고 말했다. 태양에 대한 숭배는 이런 장식적 성향이 강한 특수 암각화를 창조했다. '태양신'은 인면상 암각화가 전체적으로 뚜렷한 인면상을 나타내며, 숭배류의 도안으로서, 크고 위압적인 렌즈를 가지고 있으며, 머리털이 하늘로 솟구쳐 사방으로 빛을 발하는 웅장한 아름다움을 나타내, 당시 사람의 마음을 놀라게 하는 역할을 했다. 이 암각화는 과장된 스타일 기법을 보여주고, 도형에는 생동감 있고 대담한 아동의 정취가 담겨 있어, 신비로운 사물에 대해 당시 바위에 그림을 새기는 사람들의 직감적 느낌을 반영하고 있다.

---

38)龔維英,「原始崇拜綱要」, 中國民間文藝出版社, 1989, p.306-308
39)賀吉德,「賀蘭山賀蘭口巖畫」, 寧夏人民出版社, 2017.6, p.90
40)李祥石,「解讀巖畫」, 寧夏人民出版社, 2012.6, p.200

하란산(賀蘭山) 관광문화상품 디자인

2.1.4 생활 그림 암각화

모든 종류의 예술은 모두 그 나름대로 독특한 주제가 있다. 암각화 역시 예외는 아니어서 농경 위주의 원시사회에서 일상적인 생산활동은 변함없는 주제였고, 모든 암각화에서 이 주제에 대한 각화(刻畵)가 벽의 절반을 차지했다.41) 암각화의 생활 그림은 수렵, 전쟁, 무용, 방목 등 여러 가지로 나뉘는데, 다수는 집단형상으로 표현된 집단화이고, 고대 예술가는 이러한 일상적인 생산노동을 암석에 새겨, 천 년에 걸친 비바람을 겪고 현대인에게 그들의 특별한 예술적 매력을 보여준다.

수렵은 생활류 암각화에서 자주 볼 수 있는 제재이다. 이러한 제재의 등장 당시 기후에 관해 <수동골 유적 고고학 자료>에 따르면, 5천 년 전 은천 평야 황하 양안은 임목이 무성하고 수초가 통통하게 아름답고, 동물들이 무리 지어 출몰한다고 한다.42) 방대한 수의 동물들이 인류 신진대사를 위한 주식이 되었고, 수렵도 주요 생계수단이 되었다. 하란산 암각화에는 각종 사냥방식이 기록돼 있는데, 예를 들어 그림에서 여러 명이 사냥하는 장면을 묘사한 암각학, 사냥꾼들이 활을 당기고, 말을 타고 사냥감을 몰아 사냥을 하는가 하면, 동물들의 자태도 다양하고, 생동감 넘치는 모습으로 뒤돌아보기도 하고, 죽을힘을 다해 뛰어다니기도 하며, 화면 전체가 긴장감 있는 움직임을 나타낸다. 화면의 전체적인 구도가 엇갈리고 인물·동물 이미지가 간결하고 호방하며, 개괄적이고 생동감 있고 재미있게 표현돼 있어 특별한 예술적 흥미를 구현했다. 정상적인 사냥 외에도 허지드의 <하란산 허란구 암각화>에는 또 다른 특수한 사냥방식의 사냥굿이 기록돼 있다. 사냥도구가 생기고 선민들은 사냥에 성공할 확률은 높아졌지만, 그들의 심중에는 이런 도구를 갖기에 충분하지 않았다. 그들은 신비한 의식을 사용해 성공적인 사냥을 보장한다. "필히 주술적 굿의 실행을 통해 동물 사냥에 충분한 신비한 역량을 갖게 된다."43) 이 특별한 의식은 암각화에 신비롭고 장중한 기운을 불어넣었다. 사냥굿으로 인해 생겨난 한 폭의 암각화로, 그림 중 동물 몇 마리가 실로 함께 엮여 있어 사냥이 꼭 성공할 것이라는 신호를 의미하며, 도안이 거칠고, 힘차고, 간결하며 고풍스럽게 각화되어, 마치 마음속 깊은 정서가 생명을 내포하는 듯한 절규를 담고 신비로운 추상적 미감을 나타낸다.

무용 장면인 암각화도 비교적 많이 보인다. 춤은 처음에는 내면의 기쁨을 표현하

---
41) 高曼,「賀蘭山巖畫的圖像語義識別研究」, 寧夏大學碩士學位論文, 2013, p.38
42) 王邦秀,「2000年寧夏國際巖畫硏討會文集」, 寧夏人民出版社, 2001.9, p.210
43) [法] 列維 - 布留爾,「原始思維」, 商務印書館, 1997, p.220

고 불타는 열의를 나타내는 활동으로, 가장 오래된 예술형태이고, 일상생활과 밀접한 관계가 있다. 춤은 인간의 생산 노동의 모방에서 비롯되었기에, 그 소재는 하란산 암각화 곳곳에서 볼 수 있다. 암각화의 춤은 인원수에 따라 1인 춤, 2인 춤, 그룹 춤 등 세 종류로 나눌 수 있는데, 가장 재미있는 것은 하란산구의 6인이 어깨를 나란히 하는 춤 암각화인데, 쌍방의 연속적인 표현 형식을 채용하여 암각화 중 여섯 명이 손을 잡고 무당 하나를 둘러싸고, 무당의 지도 아래 풍년을 경축하는 춤을 추며, 귀신에게 기도를 올리고 안녕을 빌었다. 동작이 획일적이고 자태가 아름다우며, 춤 동작 사이에 열띤 분위기를 자아내며, 전체적으로 유치한 재미를 부각시키는 것은 현대의 기하학적 스타일과 유사하다.

2.1.5 기타 기호류

하란산 암각화중 기호류 암각화는 적지 않은데, 허지드의 하란산의 하란구 암각화의 통계에는 조사 기록된 암각화 5,679점 단체(單體)도안 중 기호암각화에 속하는 것은 2,768점으로 전체 암각화의 48.6%를 차지한다.44) 이 방대한 수량이 기호암각화의 중요성과 대표성을 충분히 뒷받침한다. 기호는 사실상 문자의 전신으로 원시인류가 정보를 전달하고 사물을 기재하는 도구로 사용했던 것으로, "인류생활의 전형적인 특징은 다양한 기호를 발명하고 운용할 수 있다는 데 있다."45) 기호는 바로 인류의 유일무이한 창조물이다. 하란산 암각화 중의 기호들은 대부분 주석 기능을 가지고 있다. 어떤 것은 남녀 성별을 대표하고 어떤 것은 전답 건축을 대표하며, 또 어떤 것은 각종 천체를 대표한다. 그중에서 어린이 같은 유치한 감각이 충만한 기호는 인체를 대표하는 손도장 기호이다. 이것은 구상 이미지와 완전 추상 기호 사이에 있는 특수 도형으로, 색다른 미학적 가치가 있다. 몇 쌍의 손이 교차되어 있어 형식은 간단할지라도 농후한 장식적 의미를 준다. 우리는 먼 옛날 선민들과 수천 년의 시간적 거리를 두고 있지만 암각화가 주는 미적 재미와 일정한 의미를 똑같이 느낄 수 있다.

---

44) 賀吉德, 「賀蘭山賀蘭口巖畫」, 寧夏人民出版社, 2012, p.47
45) [法] 茨維坦·托多羅夫著 ; 王國卿譯, 「象徵理論」, 商務印書館, 2004, p.2-17

하란산(賀蘭山) 관광문화상품 디자인

2.2 지역문화의 개념

지역(Regional)은 일반적으로 일정한 구역의 토지이고, 오랜 역사 발전과 특정한 시공간의 조건 아래에서 일정한 지역 공간과 환경이 융합하는 과정에서 지역의 독특한 문화로 각인되었다. 일정한 지역 환경 내에서 공동의 역사적 침전, 생활풍속 등의 특징을 공유하고 문화적으로는 차별성을 갖는다. 이런 차이는 특정인의 행동 패턴과 사고 패턴에 의해 결정되며 또 사람의 심리·성격·기질에도 영향을 준다.46) 지역환경은 문화를 형성하는 중요한 요소이고 문화의 특징 중 하나이며, 문화는 또한 디자인 작품의 형식을 통해 나타나기 때문에 문화의 지역적 특징이 디자인에 결정적 작용을 한다.47) 지역의 획정 근거는 하나 혹은 다수의 특징도 인간 주거의 총체일 수 있다. 문화라고 할 수 있는 것은 규정과 해석이 비교적 많다. 문화의 내용을 그림 형식으로 표시하는 것, 즉 몇 가지 차원 또는 다른 귀속된 형태로 서술하는 것이 직관적이고 뚜렷하다. 이런 표현법은 네 가지 차원으로 해석되며, 기물(금기(琴棋)·서화·문방사우·사기·선축 등)은 1층, 행위(관습·예질·질기·금기(禁忌) 등은 2층, 제도(집권·과거·종족 등)는 3층, 이념(핵심 가치관)은 4층에 해당된다.48)

지역문화가 실제로 이 네 가지 차원의 문화 콘텐츠를 다루고 있다. 지역문화 원소와 각지의 환경이 밀접한 관계가 있다. 지역문화 원소는 다음의 두 가지 두드러진 특징을 있다.

2.2.1 지역 특이성

중국 고대 문화의 형성과 발전은 지리환경에서 큰 영향을 받았다.49) 지역이 다르기 때문에 지역 문화 형태도 다르다. 이는 문화 형성과 지역적 자연 환경, 의식주, 언어, 인구 이동, 언어, 종교·신앙, 정치적 환경 등과 모두 관련이 있고 일반적으로 지역 간 거리가 멀수록 지역 간 문화 차이도 크다. 중국의 경우 땅이 넓고, 지역문화 차이가 명백한데, 이를 가장 자주 언급한 것이 남북문화로, 진령회하(秦岭淮河)를 경계로 한다. 전반적으로 문화 차이의 크기와 지역 문화의 차이는 정비례한다.

---

46) 張鳳岐,「分析"地域文化"概念及其研究途徑」, 浙江社會科學2008年第4期, p.63-66
47) 楊鑫,「地域性景觀設計研究」, 北京林業大學,博士學位論文, 2009, p.40
48) 肖東發,「文化强國與全民閱讀」, 編輯學刊, 2013(4), p.6-11
49) 許思園,「中西文化回眸」, 華東師範大學大學出版社, 1997, p.30-32

가장 전형적으로 남북 문화 차이이고, 다시 세분하면 서북, 화북, 동북, 중부, 서남, 중부, 서남, 화남, 화동 지역 등 보다 구체적인 지역 문화다. 하란산 암각화 관광지가 위치한 닝샤성은 산수(山水)가 서로 의지하는 지리적 구조로, 암각화는 닝샤지역 역사문화의 형성과 발전에 영향을 주었다. 닝샤 남부 쑤관은 닝샤 4관 중 하나로, 한·당 시대 관중의 정치적 중심인 경기지역으로, 그리고 북방 유목민족이 남하하는 통로로서, 실크로드가 전역을 가로질러 서역의 중앙아시아 문화, 북방 초원 유목문화, 중원 문화가 이곳에서 충돌해 융합이 가능해졌다.50) 여기서 닝샤 역사 문화는 주변 대문화권 지역 역사문화(이 대문화권 안의 아시아 문화)와 구별한다. 대문화의 배경에서 지역 역사문화의 특성, 그 문화적 배경은 대문화구와 아시아 문화구의 관계, 문화 표현 형태의 다원화가 뚜렷하다.

2.2.2 복제 불가능성

역사의 수레바퀴가 굴러, 오랜 시대적 과정에서 각지에 지역문화를 형성해 왔고, 그동안 어떠한 변화도 지역문화에 영향을 끼치고, 역사는 나아갈 수도 물러날 수도 없고, 되풀이할 수 없는 점이 지역문화의 복제 불가능을 초래했다.51) 옛날 사람이 터를 잡으면 오늘날 사람이 전승하고, 후대가 해석하면 복제를 할 수 없기 때문에 지역문화적 요소의 진귀함을 알 수 있다. 우리는 항상 이야기가 있고, 문화가 있고, 정감이 있는 사람에게 가까이 가서 재미를 느끼고, 정감을 느끼며, 가치 있는 일을 즐긴다. 관광도 마찬가지로 관광지에는 문화테마가 있어야 하고, 문화적 함의를 살려야 한다. 문화가 있기 때문에 제품과 업태는 의존하고, 여행자는 즐겁게 정신적 가치를 얻는다. 문화산업과 관광산업이 한층 더 융합되고, 레저관광 시대의 정신적 욕구가 끊임없이 가중되면서, 문화테마 관광지에서의 문화주제의 위상과 역할이 갈수록 두드러진다. 관광환경 이외의 경관은 복제가 가능하지만, 유일무이한 그 지역의 자연과 문화환경에 부합되는 문화주제는 복제가 불가하다. 나아가 독특한 문화 위에 있는 제품도 복제할 수 없으며, 이를 밀어 강력한 문화로 각인시키고, 생태환경과 인문환경을 조화시킨 관광문화 분위기는 더 복제할 수가 없다.

관광객은 다른 지역 자연경관 관광자원 속에서 역사적 인물, 문물고적, 민속, 민

---
50) 張進海, 「傳統文化與當代寧夏」, 寧夏人民出版社, 2012, p.55-56
51) 薛正昌, 「地域文化與地方人文精神－以寧夏地域文化爲例」, 寧夏大學學報, 2013, p.33

하란산(賀蘭山) 관광문화상품 디자인

간공예, 건축, 언어문자, 종교 신앙, 희곡 등 다양한 문화자원을 체험하며 정신적 희열을 얻는다. 이러한 독특한 문화요소는 현지인들의 미적 관습과 미적 정서를 형성하고, 동시에 현대 디자인에 영감의 원천이 되고, 지역 특색은 종종 지역문화에서 어느 하나 혹은 몇 가지 항목으로 대표되는데, 예를 들어 한국 전주시의 도시 한옥군은 유일한 건축 형태이며, 한옥군의 구조, 골목길 등이 잘 보존돼 특징이 명확한 전주 한옥마을을 형성했다. 또한 경상북도 안동 하회마을은 하회탈, 별신춤 줄넘기, 가면놀이로 유명하다. 이러한 대표적인 지역 관광문화의 유일한 특색은 복제가 불가다. 인류문명발전사에서 민족별, 지역별 문화가 함께 역사를 창조한다. 바로 이런 의미에서 풍부한 지역문화는 문화의 뿌리이며, 문화 번영 발전의 토대가 된다.

2.2.3 경제 활성화

문화 발전은 이미 경제사회 발전의 내적 역량을 이뤘고, 중국 관광 산업의 급속한 발전은 이미 문화 소비의 거대한 가능성을 보여준다. 하란산 암각화에서 닝샤의 역사와 문화를 볼 수 있고, 현실 사회가 필요로 하는 정신과 동력을 발견할 수 있다. 동시에 지방 문화자원을 발굴하고 관광문화 브랜드를 만들어 지방의 문화적 파워를 높이는 것이 중요하다. 하란산 지역 경제 사회의 발전은 더 많은 인문 정신이 뒷받침되어야 하고, 창업 과정에서 인문 정신의 응집력과 창의력은 다원화한 문화가 뒷받침되어야 한다.

지역 특색산업 발전의 핵심은 지역자원과 산업의 장점을 결합해 고부가가치 아이디어 제품을 창출하는 것이고, 관건은 어떻게 '지역특색'을 잘 활용해 시장 경쟁력을 갖춘 특화상품을 만드는 것이다.52) 시장이 글로벌화 되는 가운데 지역 문화자원을 발굴하여 제품의 혁신 설계를 함으로써 소비자의 공감과 체험을 증대시키고, 제품의 부가가치와 경쟁력을 향상시킨 점에서 인정을 받고 있다. 지역특색산업과 문화자원을 결합하여 제품혁신 설계를 진행하여, 제품의 내실을 증가시킬 수 있고, 현지자원의 효율적 이용을 촉진하며, 문화자원 부족 등 문제를 해결하여 산업의 경쟁력을 높인다.

수집한 닝샤 하란산 암각화를 분류, 요약하고, 암각화의 다양한 스타일 기법을 분석해서 예술적 특징, 다양한 제재, 장르별 암각화 도안의 스타일 특징과 도안의 의미를 정리한다. 이론 결합의 실천으로 암각화 예술과 뉴미디어 전파 방식의 결합,

---

52) 黃意武, 江優優, 「地域文化:在特色中走向多元」, 社會科學報, 2019.5, p.198-201

암각화 소재 스토리 발굴 및 창작, 암각화 이미지와 현대 문화아이디어상품 디자인 제본의 적절한 진행에 대한 탐구를 한다. 암각화의 소박한 미와 신시대적 미를 절묘하게 융합시키고, 새 암각화 예술 이미지와 뉴미디어 기술을 융합시키며, 새 암각화의 예술적 이미지와 현대 문화아이디어상품 제본을 융합시킨다. 하란산 암각화 보급효과를 향상시키고, 관광지의 문화경제적 효과 제고, 닝샤지구와 관련된 문화산업 발전을 목적으로 혁신 창업의 새로운 길을 걷는다.

2.3 관광문화상품의 개념과 발전
2.3.1 관광문화상품의 개념

현재 문화관광상품에 대한 명확한 정의는 내려지지 않았다. 관광경제학에서는 관광상품의 개념을 '관광 목적지 관점에서 관광상품은 관광 운영자가 관광 수요를 충족하기 위해 관광 대상물, 교통, 관광 시설을 기반으로 관광객에게 제공하는 모든 서비스'라고 서술하였다.[53] 문화상품은 문화 소재에서 비롯한 것으로서 한 사회의 물질적, 정신적 산물인 문화 창조 경제의 가치를 활용한 상품이다. 다시 말해, 특정 지역의 지리적·지형적 특징을 바탕으로 발생한 사건 또는 한정된 지역의 풍습, 인물 등이 등장하는 자료를 활용한 것이다.[54] 유네스코는 문화상품을 전파 사상과 기호, 그리고 생활 방식의 소비품으로 규정한다. 생산과 소비 등 프로세스를 통한 창작성과가 있는 문화상품에 새로운 가치를 부가했다.[55] 디자이너는 관광명소를 이용해 광범위한 대중과 체계적인 문화테마를 갖추고 혁신적인 방식을 통해 관련 제품을 재해석하고 창조(즉 아이디어 전환)한다. 중국 예(禮)·본예(本藝) 시각창작단은 문화상품을 어떤 '문화테마에서 비롯된 아이디어 전환', '시장가치를 갖춘 제품'으로 규정했다.[56]

따라서 문화관광상품의 정의를 요약하면 '관광지의 문화 소재를 기반으로 혁신적인 방식을 사용해 관광지의 문화적 배경을 전달하는 것으로, 소비자 수요를 충족하는 동시에 시장 가치를 지닌 상품'이라 할 수 있다.

오늘날 문화 콘텐츠 상품 개발은 디자인 업계에서 뜨겁게 논의되는 주제 중 하나이다. 21세기 이후 문화 콘텐츠 산업은 빠르게 발전하면서 발전 전망이 좋은 산업

---

[53] 林南枝, 陶漢軍,「旅遊經濟學」, 天津: 南開大學出版社, 2000, p.29-30
[54] 한국민족문화대백과, https://terms.naver.com/entry.naver?docId=1781105&cid=49311&categoryId=49311, 2021.08.12
[55] 薛相萍,「中國文化貿易國際競爭力提升研究」, [D].山東師範大學, 2015, p.72-73
[56] 陳澤愷,「帶得走的 文化-文創產品 的定義分類與3C共鳴原理」, 現代交際,2017(02), p.103-105

으로 손꼽힌다. 최근 중국 문화여유국(文化旅遊局)에서도 관련 정책을 발표하고 민족 및 지역 특색을 지닌 전통문화 예술을 적극적으로 발전시켜야 한다고 언급하였다. 시장과 정책의 시너지 효과에 힘입어 지역 관광업은 나날이 발전하고 있으며 시장 관리감독도 지속해서 강화되고 있다. 이러한 상황에서 정책적 지원, 지역 문화의 전파, 소비자의 긍정적 반응 등에 힘입어 수많은 디자인 작품이 시장에 쏟아져 나오고 있다.

2.3.2 문화상품의 발전 역정(歷程)

문화 상품은, 혁신적 방식으로 원래 내용에 재해석과 창조를 진행한다. 전통 제품과 비교해 볼 때, 문화 상품은 기능적인 욕구를 만족시키는 것 외에 미적 욕구를 만족시키고 문화 요소의 추출에 주의해야 한다. 문화상품은 어떤 문화테마를 바탕으로 다양한 창의적 전환수단을 통해 형성된 시장가치가 있는 상품이다. 문화상품은 명인 문화의 훈도(熏陶)와 기호 도형의 특수한 의미 등 요소의 영향으로, 디자이너가 이러한 요소들을 복합적으로 문화상품과 융합하고 있다.57)

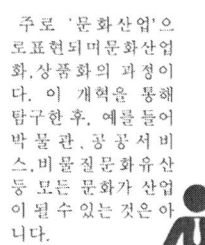

<그림 2-1> 문화상품 발전의 4단계

---

57) 曹宸,「淺談地域文化元素在文創產品設計中的應用－以動漫藝術周文創產品設計為例」, [J].藝術科技, 2016,029(011), p.3-4

Ⅱ. 하란산 암각화의 이론 고찰

문화상품은 네 단계의 발전을 거친다.<그림 2-1>

1단계에서 주로 문화산업으로 표현되며, 문화산업화, 상품화의 과정이다. 이 개혁을 통해 탐구한 후, 예를 들어 박물관, 공공서비스, 비물질 문화유산 등 모든 문화가 산업이 될 수 있는 것은 아니다.

2단계에서 문화산업은 점차 문화 아이디어 산업으로 변하고, 그 기초에서 창의형 콘텐츠에 치중해 제품으로 만들어 소비자에게 제공한다. 문화 아이디어 산업의 이런 관념은 인터넷 경제를 촉진시켰는데, 특히 인터넷 아이디어 경제의 발전은 인터넷도 문화 창의 산업에 대량의 뉴 콘텐츠와 뉴 IP를 제공한다.

3단계에서 문화 아이디어 산업이 점차 산업 범위를 확대하면서 단순 문화 영역에서 점차 다방면으로 스며들고 있다. 사람들은 생활에 대한 소비와 체험 행위를 점점 더 강한 문화 수요, 미적 수요, 정신적 수요를 부담하게 된다. 전통 제품에 점점 더 많은 문화적 가치가 부가되고, 문화 아이디어 산업을 통해 문화와 생활을 긴밀하게 결합시키는데 이것이 문화상품의 성숙단계의 표현이다.

4단계에서 빅데이터, 사물인터넷, 3D프린팅, AR/VR, 인공지능, 블록체인 등 새로운 등 새로운 기술이 부단히 문화산업에 적용됨에 따라 디지털 기술과 같은 과학기술은 전통문화 콘텐츠의 구현 형태를 극대화하고 새로운 제품표현 형식을 낳게 되며, 미래에는 문화 수요가 더욱 섬세화, 개성화됨에 따라 개성 있는 문화를 특색으로 하는 문화 콘텐츠가 점차 늘어날 것이다.

문화상품의 가치는 자신의 제품 가치에 그치지 않고 제품이 주는 부가가치에 있다. 가장 두드러진 예는 한국 문화상품의 대대적 발전 홍보를 들 수 있는데, 이 또한 아주 많은 부수적인 생산을 할 수 있다.[58] 예를 들어 한국 드라마가 중국 시장에 전파되면서 극 속의 한국문화로 인해 중국 관객들이 깊이 매료되었다. 이는 많은 중국인들이 한국의 서울, 제주도 등에 가서 관광, 학습하게 했으며, 한국 문화상품이 중국에서 급속한 성장을 하고, 중국 시장에서 큰 충격을 만들며 한국 문화의 교류를 촉진하고, 더불어 한국문화 무역의 발전을 이끌며, 한국의 의류, 뷰티 방면에서 모두 발전시켰다.[59] 한국 문화상품, 파생상품이 주변의 많은 나라에서 인기를 끌고 있다는 것은 그만큼 한국 문화상품이 소비자들에게 인정받고, 한국문화 관념과 이데아가 이용자들에게 지지를 받고 있다는 증거이다.[60]

---

[58] https://www.xuexila.com/baikezhishi/2560561.html
[59] 박영환, 「문화현상으로 본 현대 한중문화의 교류와 충돌」, 중국학보, 2011, p.63, 95-118

2.3.3 문화상품 분류

문화상품 하나에 제품 유형과 제품의 운반체(載體, product carrier) 두 부분이 포함되어 있다. 문화유형의 각도에서 말하면, 범위가 넓고, 종류도 많고, 분류 방법도 다양하다. 대체로 물질문화, 제도문화, 정신문화 세 방면으로 나뉘고, 예로 들면 생활 기구류, 아이디어 문구류, 액세서리류, 아이디어 복장류, 홈 액세서리류 등 유형이 다르다.

제품의 운반체 각도에서 말하자면, 그 표현형식도 다양하여, 문화 유형 중의 생활기구류는 예를 들어, 가방, 컵, 램프, 식기, 우산, 작은 가전 등을 포함한다. 제품별 운반체는 머그 컵·텀블러·술잔 등으로 용도·재질 등에 따라 세분화할 수 있다. 제품 유형은 제품 운반체에 따라 존재하며, 이 운반체는 제품 유형이 핵심 가치를 갖게 한다. 양자는 상호의존적이며 관광 문화상품의 특수성을 공동으로 조성한다.

제품 운반체에 따라 구체적으로 문화상품을 다음의 9가지 종류로 나눌 수 있다.

<표 2-2> 문화상품의 기본 분류

생활기구	아이디어 문구	액세서리	아이디어 복장	홈 액세서리	유물 복제품	인형	여행용품	아이디어 푸드
가방	디지털제품	액세서리	스카프	조소	각종 서화	마스코트	충전용품	각종 디저트
컵	학용품	귀걸이	의상디자인	메탈 디바이스	인쇄품	인형	세면 세트	전통 스낵
램프	서적	헤어 액세서리	신발, 모자	도자기 디바이스	장식 그림	동물 인형	다기 세트	간식
식기	지능완구	주얼리	양말	유리제품	엽서	애니메이션	카드지갑	테이크아웃 푸드
우산	사무용품	화장품	장갑	식물제품	우표	오리지널 게임	선글라스	패스트 푸드
작은 가전			목도리				캐리어	

---

60) 민웅기, 김상학, 「세계화 시대의 다문화가족의 확산과 국제관광의 사회적 기능에 대한 이론적 성찰」, 관광연구저널, 2015, p.5-17

2.3.4 지역문화와 관광상품의 관계

관광 문화를 조성하는데 필연적으로 지역 문화가 바탕이 되어야 한다. 지역 문화의 발굴은 관광 상품 개발에 있어 가장 중요한 역할을 한다. 관광 상품 문화 브랜드 형성은 장기적인 과정이 필요하다. 관광 상품이 오랜 생명력과 흡인력을 가지려면 지역 문화에 대한 심층적인 발굴과 분석에서 벗어날 수 없다. 둘 사이의 관계를 잘 조화시키는 것이 관광 상품 문화 브랜드의 형성에 도움이 될 뿐만 아니라 지역문화의 유지와 전승에도 중요한 의의가 있으며, 관광업의 지속 가능한 발전을 촉진하는 더욱 중요한 보증이다.

전문의 관광문화상품에 대한 이해에 따르면 관광문화상품의 가치는 정신적 가치와 물질적 가치 두 가지로 구분한다. 물질적 가치가 소비자에게 주는 것은 제품의 기능적 만족이고, 감정적 가치가 소비자를 위해 창조하는 것은 정신적 만족으로 나누는데 매슬로(Abraham H. Maslow)의 요구 계층 이론에 따르면 보다 높은 차원의 가치이다.61) 따라서 정신적 가치 중 문화 아이디어 콘텐츠가 문화상품 고부가가치 생산의 관건이다.62)

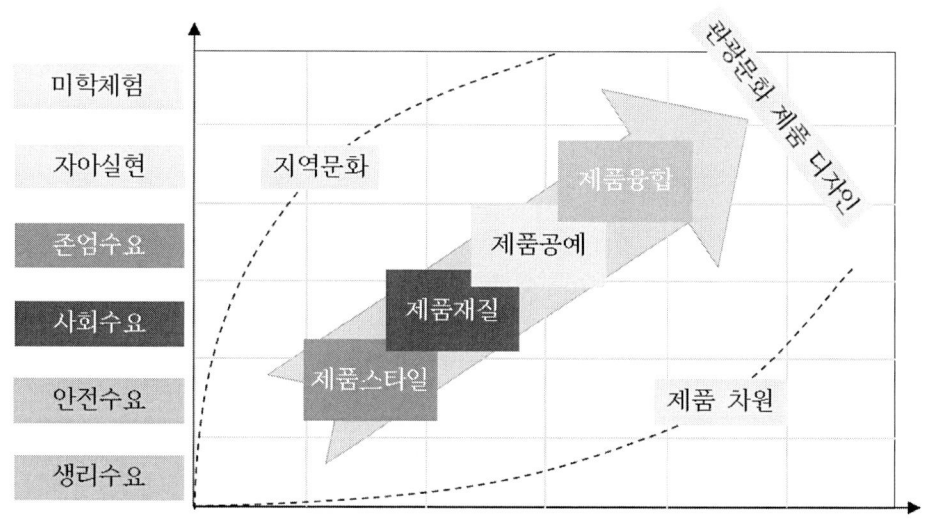

<그림 2-2> 매슬로(Abraham H. Maslow)의 구계이론의 제품 디자인 적용

문화상품 디자인에서 지역문화와 제품의 관계는 주로 네 가지 방면에 주로 구현된다.

---
61) [美]弗蘭克.戈布爾,「第三次思潮：馬斯洛心理學」, 上海譯文出版社, 1987, p.134-140
62) 晉銘銘, 羅迅,「馬斯洛需求層次理論淺析」, 管理觀察, 2019, p.262-263

하란산(賀蘭山) 관광문화상품 디자인

첫째, 제품 스타일 방면에서 문화상품의 스타일을 디자인할 때 디자이너는 지역문화를 충분히 결합한다. 예를 들어 서하왕릉에서 출토된 유물들은 시각적 요소가 풍부하여 닝샤의 역사적 변천, 인문풍속, 생산생활 등 여러 방면을 잘 반영하고 있어 하란산 암각화의 시각적 표현으로 비교적 높은 지역적 변별도가 있다. 또 다른 예로, 닝샤박물관 진관의 보물인 금동소는 서하 왕릉에서 출토된 것으로 현재 세계에서 가장 큰 서하시대의 금속주조 공예품이다.63)<그림 2-3> 디자이너에게 스타일 디자인의 영감의 원천을 제공하고 서하 문화를 접목하여 디자이너의 영감의 가공을 통하여 주구(酒具)제품의 스타일 디자인에 사용함으로써 제품의 심미성과 문화적 함의를 극대화 정도로 향상시켰다.

둘째, 제품 소재 방면에서, 디자이너는 문화상품 디자인할 때 지역 문화 요소를 우선 채택하고, 지역성을 대표하는 소재를 결합해 제품을 제작한다. 실제 디자인 과정에서 단순히 지역 소재만을 사용하지 않고 서양 국가의 고전적인 디자인 요소를 선택해 둘을 결합시켜, 형태와 내실이 더 풍부한 제품을 만든다. 이는 문화상품의 정신적 함의를 승화시키기에 유효한 방법이다. 운남 목걸이제품과 같이 희곡문화에서 '생단정말추(生旦浄末丑)'의 이미지를 결합하여 운남의 옥선, 푸른 마노(Blue agate), 동릉옥, 채석 등의 재료로 순 수작업으로 엮어 만든 목걸이다.<그림 2-4>

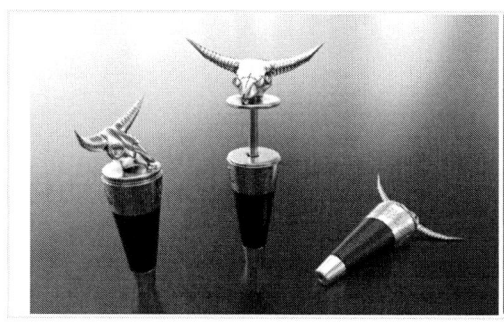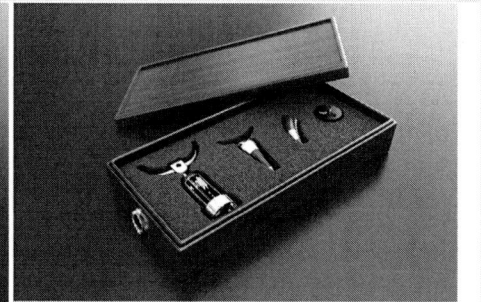

<그림 2-3> 닝샤박물관 주구(酒具) 문화상품

셋째, 제품 공정방면에서, 문화상품 디자인도 지역문화의 각도에서 가능한 한 많은 특색공예를 본받는다. 전통 수공예의 발전은 당대에 한계에 부딪혀 많은 도전에 직면해 있다. 전통 수공예는 시대에 따라 발전하는 것이 필연적이며, 현재 전파방식의 다양화를 받아들이는 것도 필연적이다. 그래서 예를 들어 순마오(榫卯) 구조는

---

63) 高功, 「打開歷史的記憶-走訪寧夏博物館」, 收藏界, 2012, p.28-32

<그림 2-4> 운남 목걸이 문화상품

중국 전통 목조 공예품 구조 형식의 하나로 오랜 역사를 가지고 있다. 궈페이(郭飛,Guo Fei)가 설계한 '봉의인존(鳳儀印尊)'은 산시박물관 진관의 보물인 서주진후조존(西周晉侯鳥尊)을 원형으로 중국 전통 노반자물쇠의 교묘한 내부구조를 전승하고, <그림 2-5> 각 부품에 음양의 요철이 서로 채워져 있어 조립 해체하는 과정 중 전통 순마오 구조의 지혜와 즐거움을 맛볼 수 있다.64)

<그림 2-5> 산시박물관 '봉의인존(鳳儀印尊)' 문화상품

넷째, 상호 융합 방면에서, 지역문화는 중국 전통문화의 중요 부분으로서 아주 강한 다원성을 가지고 있다. 지역문화요소는 현대 디자인에서 응용 가능한 융합성을 가져다 준다. 한편으로, 문화요소의 추출과 확정, 전체적으로 통일된 디자인 스타일을 형성하는데 도움이 되고, 디자인 대상의 식별성과 문화 가치를 향상시킨다. 다른 한편으로, 지역문화요소는 각종 예술디자인 작품 중에 응용되어 우수한 지역문화의 전파와 발전에 도움이 된다. 문화로 포장한 관광, 문화를 승화한 관광, 이 두 가지가 서로 잘 어울리고 멋을 내야 더 오래 생명력을 발휘할 수 있다. 이 과정에서 디자이너는 전통과 현지 문화의 특색을 존중해 특정 지역의 생태·민속·전통·관습 등을

---

64) 張慧中, 「讓博物館活起來－以山西博物院展覽與活動為例」, 文物鑒定與鑒賞, 2020, p.52-53

하란산(賀蘭山) 관광문화상품 디자인

더해서 보여줘야 한다. 구체적인 디자인 운반체를 통해 아름다운 생활을 표현하다. 지역 문화와 관광 문화상품이 상호 침투해서 하나의 유기적인 전체를 이룬다. 예를 들어 <표 2-3> 속의 관광문화상품은 서하박물관의 각기 다른 유물 세 점을 골라 디자인하고 서로 다른 제품 유형을 결합한다. 제품의 문화 아이디어 콘텐츠가 없다면 제품 디자인의 자체 운반체는 보통 쿠션, 가방, 열쇠고리로서 서로 융합해야만 즉시 사용 가치가 있는 동시에 하나의 관광문화상품이다.

<표 2-3> 지역문화와 문화상품의 상호 융합

유물원형	 (치문(chiwen),망새)	 (바다 사자)	 (묘음오,Mysterious songbird)
문화콘텐츠	원소와 서하왕릉 건축물, 황하의 상호 결합, 중국 민족양식의 벡터 도형			
문화상품			

문화 콘텐츠 결합 운반체: 쿠션, 열쇠고리, 가방으로 활용가치가 높고 관광 문화상품으로 자리 잡았다.

III. 하란산 문화상품의 조사 및 분석

3.1 하란산 암각화 기존 관광상품 조사연구

문화상품 디자인에 있어서, 전기 조사연구는 이용자의 요구를 이해할 수 있고, 제품의 시장 요구에 적응한다. 디자이너는 디자인하기 전에 기존 제품의 시장 잠식, 제품의 강점과 약점, 고객 후기 등을 충분히 이해하고 후기 디자인 진행 방향을 결정해야 한다.

하란산 암각화 풍경을 관광하는 관광객 중, 인터뷰에 응한 외지 관광객 대다수는 첫 방문이었고, 오기 전에 암각화 관련 내용은 들어본 적이 없었다. 최근 몇 년간 은천시 관광 산업이 발전하면서, 이 지역 내 여러 관광지의 문화유산 관리 부문 또한 문화 상품의 창작을 시도한다. 정부는 많은 디자인팀이 새로운 형태의 문화상품의 연구개발을 진행하고, 동시에 디자인 경진대회를 개최하여 사회단체가 문화상품의 개발과 연구를 할 수 있도록 격려하는데, 이러한 조치는 확실히 지역내 관광문화 확산에 더 많은 표현형식을 가져왔다. 하지만 지역의 관광지가 많아 팀별로 디자인 테마가 분산돼 있어, 하란산 암각화만의 특색을 살려 지속적으로 개발하는 팀은 그리 많지 않다. 게다가 아이디어 인재가 유동성이 크고, 고급 인재가 부족한 데다 제품 설계에 대한 심도 있는 발굴이 부족해, 하란산 관광지의 문화상품 개발 상황은 좋지 않다. 이로 인해 대부분의 관광상품은 관광지에 이익과 수입을 가져다 주지 못하며, 그 자체가 지역문화유산을 홍보하는 역할을 상실하여, 역사문화 전승의 기능을 발휘하지 못하고 있다.

전기 심사를 거쳐 총 8집의 문화상품점과 2개의 온라인 플랫폼을 선정해 조사연구를 진행한다.<표 3-1> 그 대상이 된 문화상품점은 관광지 문화상품점 둘, 박물관 문화상품점 하나, 산업단지 문화상품기지 하나, 소형 개인문화상품점 넷이다. 나눠 보면 닝샤5+비문화유산문창(문화창조)전시기지, 서하릉 국가 고고유적공원, 닝샤박물관, 은천시 비문화유산 아이디어 전시기지, 은천문화관광아이디어기지, 만쓰광 문화상품관, A+문창우수품, 화전문창생활관, 닝샤대학 실크로드 닝샤 문창연구개발센터는 하란산 암각화 관광지의 기존 관광상품을 전면적으로 조사연구한다. 그 과정에서는 개인 인터뷰, 수량 대비법, 카드 귀납법을 통해 상품을 수집하고 정리한다. 또한 온라인 플랫폼으로는 '은천문화관광 아이디어 페스티벌'과 하란산 암각화

하란산(賀蘭山) 관광문화상품 디자인

관광지 위챗(중국마켓팅채널 WECHAT, 微信) 일반 시그널 등 두 플랫폼의 작품을 수집하고 정리했다.

<표 3-1> 하란산 암각화 기존 관광문화상품 조사

		조사연구 지역: 은천시	
문화상품점점	 닝샤5+비문화유산 문창(문화창조)전시기지	 서하릉 국가 고고유적공원	 만쓰광 문화상품관
	 A+문창 우수품	 화전 문창 생활관	 은천문화관광 아이디어기지
	 닝샤박물관	 닝샤대학문창연구개발센터	 비문화유산아이디어전시센터
인터넷 플랫폼	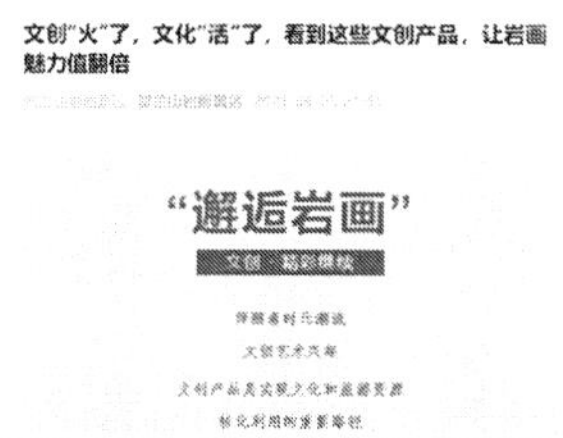		
	암각화 관광지 인터넷 플랫폼		

Ⅲ. 하란산 문화상품의 조사 및 분석

| 인터넷 플랫폼 | 은천 문화관광 아이디어 페스티벌 |

여러 관광문화 상품점을 둘러본 결과 정부기관과 관광지에 부속한 문화상점의 규모는 비교적 크고 제품 수도 많았다. 개인 상점은 면적이 작고 제품 수가 적어 서점과 문구점 기능을 겸한 경우가 많다. 닝샤성 은천시의 문화상품점은 많지만, 시에서 판매하는 비교적 많은 제품이 박물관에서 관장하는 유물관련 문화상품, 서하왕릉 출토 유물류 문화상품이다. 제품 수량 면에서 하란산 암각화 관광지 관련 상품은 다른 관광지에 비해 상대적으로 적다. 온라인 플랫폼에서 판매·전시되는 제품 수도 마찬가지로 비교적 적지만, 대부분 디자인 공모전과 대학생 캠프 프로그램을 활용해 제품 설계도를 개발했고, 그중 일부만 시장에 투입됐다.<표 3-2>

오프라인 매장은 제품 유형에서 흔히 볼 수 있는 9개 품목을 모두 볼 수 있다.

<표 3-2> 하란산 관광상품 판매 및 전시

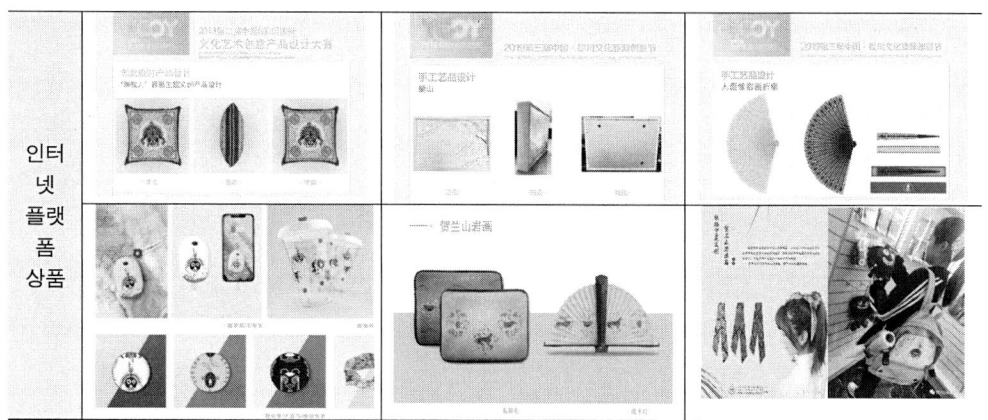

조사 연구 결과, 아래의 9가지 유형의 하란산 관광 문화상품이 상점에서 모두 판매되고 있다.

【생활용품】: 말 그대로 생활에서 흔히 쓰이는 물건들을 통칭하고, 예를 들면 물컵, 스탠드, 식기 등과 같은 것이다. 쉽게 말해 일상생활에서 접하는 것, 생활에서 사용하는 것을 이 범주로 분류할 수 있다. 일상 생활용품은 우리 생활과 밀접하게 연관되어 있으며, 매일 접하고 있으며, 사람들의 생활에 필수불가결한 제품이다. 일상생활 용품의 우열은 사람들의 생활수준에 직접적으로 영향을 준다.

【아이디어 문구】: 좋은 문구는 학습의 효율성을 더 높이고, 아이디어 문구는 공부를 더 재미있게 할 수 있으며, 쓰임새 있고 창의적인 문구는 금상첨화이다. 최근 몇 년 사이 아이디어 문구들이 이미 문구점에서 주류를 이루면서 각종 문구 브랜드들이 풍부하게 출시되고, 판매도 잘된다. 학생들이 좋아할 뿐만 아니라 많은 성인들도 좋아한다.

【액세서리】: 액세서리는 자신의 사회적 지위와 매력을 표현한다.[65] 특히 여성 액세서리 중에는 목걸이, 귀걸이, 머리꽂이, 브로치 등 비교적 다양한 종류가 있다. 현재 시장에서 판매되고 있는 액세서리는 주로 각종 금속소재, 보석 옥기 등으로 만들어진 장식품으로 하나의 문화·예술적 구성품이고, 액세서리의 내실을 기하고, 세대의 발전이 끊임없이 풍부해지고 있다.

---

65) 鄧莉麗, 「民俗學視域下的宋代金銀飾品研究」, 江南大學, 博士學位論文, 2016, p.93

Ⅲ. 하란산 문화상품의 조사 및 분석

【아이디어 복장】: 지역적 특색과 민족적 특색에 맞게 디자인된 일상복 바지, 신발과 모자를 말한다. 이는 생활문화의 중요한 조성 부분으로 사람들의 물질적 생활 수준과 사회적 유행을 표현할 수 있고, 사람들의 생활양식과 윤리관념을 반영하여 집단의 지혜와 창조를 표현할 수 있다. 경제적 여건이 부단히 개선되면서 패션에 대한 욕구는 간단한 보온 역할에서 편안함, 건강에 대한 추구, 개성의 표현, 미적 즐거움을 향유한다.

【홈 액세서리】: 실내 가구를 이차적으로 꾸미는 물품으로, 집안 적당한 위치에 놓으면 홈 분위기를 연출하고 주인의 품위를 높여 집안 환경을 꾸밀 수 있다. 아이디어 홈 인테리어는 가구, 홈 액세서리를 가리키며, 일반적으로 인테리어에 놓는 것과 거는 것이 포함된다. 홈 인테리어 제품 디자인의 아이디어는 제품 자체의 실용성에 부합하는 것을 가리키고, 내구성 있는 기능적 수요에 바탕을 두며, 외관 디자인에 유행 요소를 더 많이 녹여 예술성과 개성화된 욕구를 가득 채웠다.

【유물복제품】: 과학 기술의 발달로 유물복제품을 통해 전해져 내려 온 희귀한 고전 예술을 재현할 수 있게 되었다. 이는 보물을 보호하고 전파하는 데 효과적인 경로가 되고, 박물관 깊숙이 자리한 예술 진품도 대중의 시야로 다가갈 수 있게 되었다.[66] 문화예술품 복제는 문화 아이디어 산업의 일부가 되었고, 대부분 축소해 복각(復刻)하는 등 그 시장 점유율도 빠르게 확장되는 중이다.

【인형류】: 중국 전통문화의 범주에서 소재를 따와, 민족적 특색이 있고, 민족문화를 반영한, 현대적 미와 기능이 있는 유행하는 인형이다. 국내 시장에서 인기리에 팔리고 있는 인형들은 자세히 연구한 결과 그 배후에 모두 농후한 민족문화의 근원이 있다. 중국의 우수한 역사가 남긴 물질·정신·유형·무형의 풍부한 문화유산으로, 수 없이 많은 민담·신화 설화·역사적인 고전이야기, 고전소설 등 문화 소재가 있고, 각종 전통공예가 모두 민족적 특색 인형을 디자인하는 데 폭넓은 아이디어의 씽크맵을 제공한다.

---

66) 장잉(張穎),「북경 고궁박물원 문창제품 미학적 가치 연구」, 문물 감정과 감상, 2019(17), p.155

하란산(賀蘭山) 관광문화상품 디자인

【여행용품】 : 여행을 떠날 때 필요한 물품이다. 인간의 생활수준이 향상되고 그런 이동수단이 사람들의 마음에 깊이 들어감에 따라, 여행가방, 목 베개, 수납가방 세트, 트렁크 테그, 여권지갑 등 여행 생활과 관련된 상품들은 여행에 큰 편리함을 준다. 거대한 여행 소비 시장에 직면하여, 여행용품은 나날이 많은 문제가 부각되어, 여행용품 디자인에 있어 큰 발전의 공간이 있다.

【인플루언서 푸드】 : 식품에 대한 욕구가 기존의 양에 대한 만족에서 질에 대한 욕구로 바뀌었다. 식품은 더 이상 배부르게 먹는 것이 아닌 영양, 건강, 즐거움, 사교, 심지어는 개성을 나타내는 하나의 구성품이다. 혁신, 재능만이 이 과정의 실현을 뒷받침할 수 있다. 특히 인터넷 플러스 시대가 도래함에 따라, 개인화, 사람들의 소비 장소와 습관의 다변화에 따라, 식품 혁신에 많은 새로운 기회 포인트가 부여된다.

다양한 이용자층의 니즈를 충족시키기 위해 문화상품을 판매하는 유형은 다양하지만, 다양한 품목이 있다고 해서 모두 좋은 판매 실적을 내는 것은 아니다. 제품 디자인 수준의 높낮이, 제품에 대한 사용자의 심리적 수용 정도, 시대의 트렌드 변화 등이 복합적으로 작용한다. 따라서 다음 장에서 본 연구는 이용자의 문화적 정체성의 관점에서, 제품 디자이너와 관광 문화 상품의 개발, 소비자의 문화적 정체성의 관계를 중점적으로 분석하여, 관광 문화 상품이 어떻게 마케팅을 더 확대할 수 있는지에 관해 연구할 것이다.

기존 관광문화상품에는 각종 암각화가 출현하는데, 그 빈도는 인상류, 동물류, 생활류, 기호류, 식물류 암각화 순이다. 이 인상류 중 태양신 이미지는 하란산 암각화 중 가장 대표적인 상징으로[67] 가장 변별력이 있어 디자인에서 고빈도로 사용되는 암각화 유형이기도 하다.

허성, 위중 (許成, 衛中), 「하란산 암화」, 문화재출판사, 1993

III. 하란산 문화상품의 조사 및 분석

<표 3-3> 하란산 관광문화상품의 암각화 유형 적용조사

생활 용품					아이디어 문구					액세서리				
동물류	식물류	인물류	생활류	기호류	동물류	식물류	인물류	생활류	기호류	동물류	식물류	인물류	생활류	기호류
●		●			●		●	●	●	●	●	●		
패션 의류					가구 및 소품					암각화 복제품				
동물류	식물류	인물류	생활류	기호류	동물류	식물류	인물류	생활류	기호류	동물류	식물류	인물류	생활류	기호류
●	●	●	●	●	●		●	●	●	●	●	●	●	●
장난감, 인형					여행용품					아이디어 식품				
동물류	식물류	인물류	생활류	기호류	동물류	식물류	인물류	생활류	기호류	동물류	식물류	인물류	생활류	기호류
●		●			●		●	●	●			●	●	●

3.2 관광객 만족도 조사 연구
3.2.1 대상 이용자 조사 연구

관광문화상품은 이용자의 수요 때문에 존재하는데, 이용자는 제품의 최종 이용자이고 제품의 최종 결정자이기도 하다. 시장 수요에 맞는 문화상품을 디자인하고, 관광지의 경쟁력을 높이기 위해서 관광객의 목소리에 귀 기울임으로써 관람객의 니즈에 맞게 제품을 개선하고, 잠재된 니즈를 충족시켜 만족도를 높이는 것이 관건이다. 이미 있는 관련된 연구는 이용자 만족 이론을 제품 혁신의 새로운 디자인 분야에 도입하는 것으로, 주로 만족도 이론을 본뜬 계량모형과 지표체계 수립을 통해 제품이 개선해야 할 측정요소를 발굴하는 것이다.68) 이용자 만족도 이론을 바탕으로 제품의 혁신점을 발굴한 뒤 제품의 디자인을 개선한다.

고객의 니즈가 끊임없이 변화할 때, 점진적인 혁신은 디자이너와 문화상품 제조업체가 변화하는 고객의 니즈에 빠르게 대응할 수 있게 한다. 따라서 제품의 혁신 각도에서 이용자의 만족도에 대한 영향 요소를 탐구하여 맞춤형으로 제품의 보완을 진행하는 것이 그만큼 중요하다.

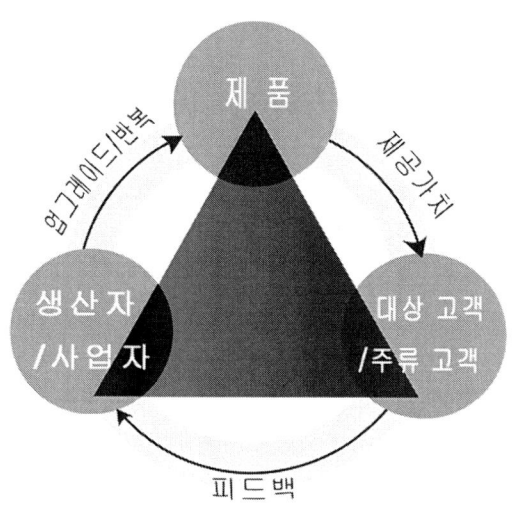

<그림 3-1> 제품과 사용자의 관계

---

68) 黃風立, 劉楚輝, 張海軍,「基於顧客滿意度的産品創新方法研究」, 煤礦機械, 2006, p.579-581

Ⅲ. 하란산 문화상품의 조사 및 분석

　대상 고객, 즉 생산자나 사업자는 제품, 서비스를 제공하는 대상이다. 주류(主流) 이용자는 지배적이거나 중심적인 이용자다. 생산, 판매의 관계망에서 생산자는 제품에 가치를 부여하고, 제품은 이용자에게 가치를 제공하고, 이용자는 생산자에게 피드백 의견을 준다. 세 가지 단계를 서로 이어야 비로소 하나의 제품이 고효율로 출시되고 반복된다. 제품의 반복 및 주류 고객의 유입은 대상 고객을 가져오고, 대상 고객은 생산자에게 피드백 의견을 주고, 생산자는 고효율의 반복으로 더 많은 대상 고객을 가져온다. 동시에 제품은 끊임없이 업그레이드되는 과정에서 대상 이용자의 니즈 변화에 맞춰야 한다.<그림 3-1>

　대상 이용자의 지표차원은 주로 두 개의 기본 카테고리를 포함한다. 첫째는 관광객 자신의 특징을 부각시키고, 기본 정보(출처, 직업, 성별, 연령 등), 취미 선호(관광지, 쇼핑 선호, 숙박 선호 등), 소비 능력 등이다. 둘째는 관광객의 관광지에 대한 감정의 투영으로 관광지, 제품 서비스, 상품 유형, 미식에 대한 정감 등을 포괄한다. 구체적인 구축 방법은 제품 구매 고객의 정보를 하나씩 추출하고, 다른 차원의 태그를 이용해 고객을 전방위로 부각시키고, 대량의 개체를 통해 전형적인 고객을 부각시켜 상인들이 제품을 조정할 수 있도록 도와주고 잠재적 고객을 발굴하는 것이다. 연구자는 실태조사, 관광상품 이용자의 특성을 종합해 우선순위를 매기고, 관광 관리자와 기획자가 관광코스를 조정하고, 관광문화상품을 설계·개발하도록 돕는다.

　관광지가 대상 이용자를 정확히 찾는 것을 돕기 위해, 문화상품은 가장 직접적인 타깃을 찾는다. 이번에 수집된 관광객은 총 486명으로, 관광객 화상 구축 데이터는 현재 LBS 위치데이터, APP 웹 여행기 데이터, 인터넷 리뷰 데이터, 설문조사 데이터 등으로 다양하다. 데이터 분석의 방법은 주로 통계학을 사용하여 감정 분석, 인격 분석이 이루어진다.<표 3-4> 이를 통해 이용자의 기초 정보, 취향과 수요, 소비 관념 등의 데이터를 얻는다.

1) 이용자 기반 정보

　서로 다른 이용자 그룹의 특징도 각기 다르고, 서로 같은 특징을 가진 집단이라도 성별, 연령과 차이가 달라서 다른 작은 특징을 만들 수 있다. 따라서 기업은 진짜 이용자의 대략적 활동 범위를 정확히 파악하고, 이에 대한 상세한 분석, 구체적으로 성별, 연령, 소비 능력, 취미 등 몇 가지 측면에서 접근할 수 있다. 효과적인 이용자층의 활동범위를 찾아내는 것은 홍보비용의 원가를

하란산(賀蘭山) 관광문화상품 디자인

최대한으로 절감하는 효과를 거둘 수 있다.

2) 이용자의 취향과 수요

대상 이용자의 취미와 성격의 특징을 분석하여, 이용자의 취향을 더 잘 알 수 있고, 제품에 대한 맞춤형 홍보가 쉬워진다. 이용자의 근본적인 니즈를 이해하면 이는 제품의 판매량을 보증하는 첫걸음이다. 그렇지 않으면 제품이 이용자의 니즈에 부합하지 않아 제품만 몰락하게 된다. 따라서 이용자의 니즈를 해결하고 제품의 니즈를 개선해야 이용자의 눈길을 끌 수 있다.

3) 세분화된 이용자 그룹

제품의 위치에 따라 대상 소비층의 목표를 확정하고, 이들 대상 이용자를 가려내야 한다. 그럼 무엇으로 이용자를 가려내야 하는가? 가장 좋은 방법이 가격이다. 서로 다른 가격에 대응하는 것이 서로 다른 소비층이다. 프리미엄 제품을 만들기 위해서는 먼저 큰 이용자층을 가려내고, 다시 큰 이용자층에서 높은 프리미엄 계층의 부분을 세분화하여, 하나의 프리미엄 제품 이용자에게 적합한 가격을 정한다. 대상 이용자를 전체 큰 집단으로 정하지 말아야 하고, 서로 다른 계층에 있는 사람의 소비관념은 각기 다르다.

III. 하란산 문화상품의 조사 및 분석

<표 3-4> 관광객의 구축 데이터

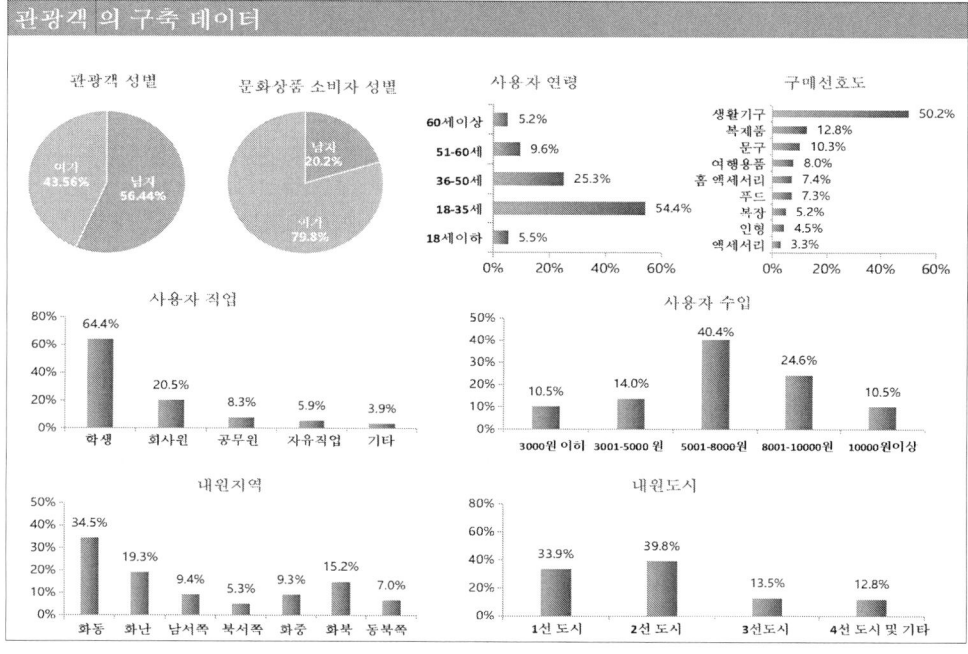

　　이번 통계데이터에 의하면 <표 3-4> 하란산 관광지 관광소비자는 남성 56.44%, 여성 43.56%로 남성 관광객 수가 여성 관광객보다 많았다. 문화상품 소비 실태는 성별로 비교했을 때 여성 관광객이 남성보다 월등히 많은 79.8%로 나타났다. 여성은 소비 주력층으로 79.8%를 차지했다. 직업별로 학생이 문화아이디어상품 구매가 가장 많은 층으로 비중이 61.4%, 상대적으로 경제적 독립성이 있는 회사원은 20.5%, 정부기관 혹은 공무원은 8.3%였다. 연령별로는 35세 이하 이용자 비율이 60%에 육박했다. 이를 보면 문화상품 소비층은 젊은 세대, 여성 위주의 학생이 많았다. 이는 문화상품이 일반인에게 친근하게 다가가는 가격, 현대인의 역사문화에 대해 돌아보려는 의지, 젊은 층의 유행에 대한 추종 등과 관련이 있을 것이다. 관광문화상품은 어떻게 젊은 층의 관심을 더 많이 포착할 수 있는지에 관심을 기울이면서, 어떻게 제품 디자인을 더욱 최적화해 소비층의 유형과 차원을 확대할 수 있을지 생각해야 한다.

하란산(賀蘭山) 관광문화상품 디자인

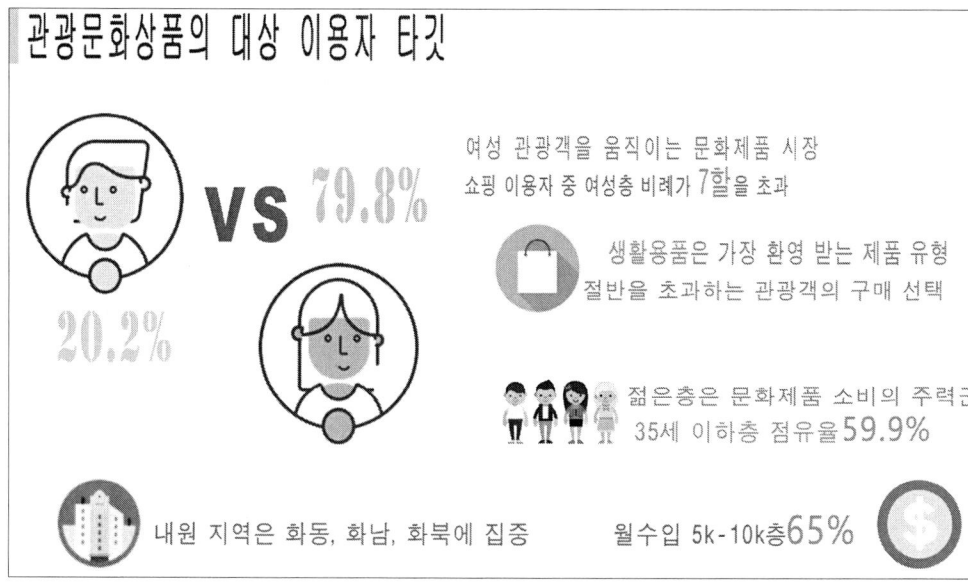

<그림 3-2> 관광문화상품의 대상 이용자 타깃

이상의 분석을 통해 하란산 관광문화상품의 대상 이용자들은 여성 위주로, 대다수가 중국 화동(華東)·화남(華南)·화베이(華北) 지역에 거주하는 35세 이하 젊은 층을 중심을 이루고, 월수입이 인민폐 5,000~10,000원 수준이고, 생활용품 타입의 문화상품 구입을 선호하는 것으로 요약할 수 있다.<그림 3-2>

3.2.2 만족도 조사 연구

지역특색에 부합되게 관광문화상품을 성공적으로 개발해야 한다. 먼저 대량의 시장조사 연구를 하고, 소비자의 심리 요구를 깊이 이해한다. 이를 위해 2021년 7월부터 2021년 8월까지 하란산 지역에서 판매 중인 다양한 유형의 관광문화상품을 무작위로 선정해 관광객을 대상으로 대면 인터뷰를 실시하고, 설문조사 방법으로 리커트법(Five-Point Likert Scale)을 적용해, 관광객의 상품에 대한 4가지 평가 유형의 만족도를 조사한다. 이번 조사에서는 모두 682건의 설문지를 배부했고, 이 중 30건의 설문지를 폐기하고 652건의 유효 설문을 회수하여 95.6%의 유효율을 보였다. 설문조사 결과, 현지조사 연구를 토대로 하란산 관광 문화상품 현황을 분석했다. 이번 조사는 2021년 8월 16일부터 30일까지, 2022년 2월 5일부터 12일까지 총 1,152건의 설문지를 회수했으며, 이 중 유효 설문은 1,075건, 폐 설문지는 78건

으로 유효율은 92.7%였다.<표 3-5>

<표 3-5> 관광객 만족도 조사 연구 과정

조사 결과를 보면, 남성 관광객 비율이 여성보다 높고, 관광객 연령은 청년층과 중년층이 많고, 직업 구성은 공무원과 회사원이 많았다. 관광객들의 관광 상품 판매에서 만족도를 보면 기존 문화상품의 종류는 다양하지만 상품만족도는 평균적으로 낮은 편이며 암각화 복제품류와 홈 액서서리류 만족도가 각각 2.8점, 2.6점으로 낮았다. 최고점은 아이디어 푸드로 4.6점을 받았다. 이는 대중 차원의 조사 연구가 부족하기 때문에 현존하는 관광문화상품은 사용자에 대한 접근성이 높지 않고, 인기 상품이 부족하며, 디자인 방면에 비교적 큰 문제가 있음을 알 수 있다. 관광객들의 기대치가 높아지면서 그들은 독특하고 문화 특색이 있는 기념품에 대한 기대가 많은데, 그들의 미적 변화를 외면해 구매 욕구를 불러일으키기 어려웠다.<표 3-6>

하란산(賀蘭山) 관광문화상품 디자인

<표 3-6> 관광객 만족도 조사 연구 결과

성별 : 남 56.44%		여 43.56%	
연 령		직 업	
18세이하	6.44%	공무원	38.49%
18-35세	58.61%	회사원	27.94%
36-50세	30.98%	자유직업	12.27%
51-60세	2.84%	학생	8.13%
60세이상	1.2%	퇴직	8.27%
평가 점수 상황			
상품 유형	평균점수	상품 유형	평균점수
생활 용품	3.6	암각화 복제품	2.8
아이디어 문구	4.2	장난감,인형	4.0
액세서리	3.5	여행 용품	3.5
패션 의류	3.9	아이디어 식품	4.6
가구 및소품	2.6		

3.3 평가체계 구축

제1단계 정성(定性) 이론, 하란산 문화 콘텐츠의 선행 연구를 평가지표 체계 구축의 바탕으로 하고 설계 평가 맥락을 제시, 지표 분포의 큰 방향을 확정한다. 2단계는 전문가 패널을 구성해 토론과 채점, 평가를 거쳐 평가지표를 완성한다.

2차에 걸친 전문가 설문조사를 통해 이론지표를 수정하고, 차원분석법을 활용해 2차 전문가 설문 데이터를 운용하며, 지표 군집과 가중치를 계산하고, 평가 점수 채점 매커니즘과 규칙을 확정하며, 하란산 암각화 문화상품 디자인 평가 체계를 마련한다.

마지막으로 하란산 암각화 문화상품 설계를 통해, 평가 실례는 평가체계 및 그 구축 방법 프로세스의 합리성에 대해 검증한다.

Thinking Map 방향은 다음과 같다.

Ⅲ. 하란산 문화상품의 조사 및 분석

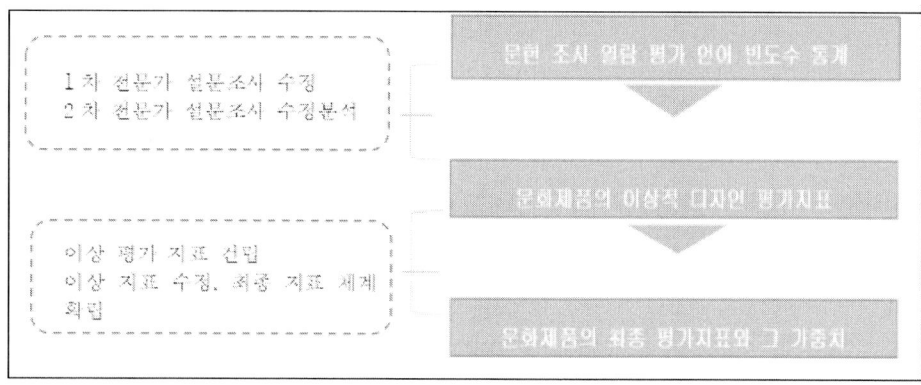

<그림 3-3> 평가지표 체계구축 Thinking Map

3.3.1 예상지표

선행 연구와 참고문헌의 조사 열람을 통해 통계 평가 단어가 빈번해, 하란산 암각화 문화상품의 평가 지표를 초본 추출했는데, 그 결과는 <표 3-7>과 같다.

<표 3-7> 평가지표 예비 추출 및 출처

기준	원 번호		문헌 출처
스타일	C1	다양성	Zhu Mei(2014), Lian Xiaofang(2010), Ge Quansheng(2015), Yu Wanyuan(2013), Wan Qianqian(2014), Gou Aiping(2018)
	C2	혁신성	Yangshuxia(2012), Ni yanxin(2012), Lifeng(2014), Johannes Itten(1991)
	C3	간단성	Ni yanxin(2012), Lifeng(2014), Lidan(2018), Chengen(2021)
	C4	실용성	Molian(2016), Qiaojin(2015), Li zuwei(2019), Johannes Itten(1991)
색채	C5	조화성	Xu Xiaobo(2015), He Jide(2012), Li Winfei(2016), Wang xin(2018), Wang Bangxiu(2001)
	C6	미관성	Li zuwei(2019), Xufang, Ying jieyuan(2020)
	C7	풍부성	Wang bangxiu(2001), Chengen(2021)
	C8	비례성	Wang bangxiu(2001), Liyunxia(2018), Jin minmin(2019)
	C9	호응성	Gaoman(2019), Wan qianqian(2014), Lao haiyong(2021)

하란산(賀蘭山) 관광문화상품 디자인

	C10	공공성	Qiao Jin(2015), Mo Lian(2016), Dong XueLian(2008), Lao Haiyong(2021), Gao Man(2019)
인터렉티브	C11	참여성	Dongxuelian(2008), Wangxin(2018), Liyunxia(2018)
	C12	체험성	Li yunfei, Lixia(2016), Zhang huizhong(2020)
	C13	지능성	Ruan hailong(2016), Zhang nina(2021), Ni yanxin(2012)
	C14	오락성	Zhang xiaoyi(2019), Zhang huizhong(2020)
지속발전	C15	범용성	Li Dan(2018), Yu wanyuan, Feng Yafen,, Liang Chinmei(2013) Zhang Xiaoyi(2019), Lian Xiaofang, Wang Jianhong(2010)
	C16	환경보호성	Yangxin(2009), Xu siyuan(2012), Zhang jinhai(2012)
	C17	경제성	Luzhonghui(2020), Fanzhou(2020), Ji yuqun(2012)
	C18	건강성	Chen huayou(2018), Li zehou(1982)
	C19	재생성	Ji yuqun(2012), Gao gong(2012), Zhang huizhong(2020)
	C20	주기성	Wangxin(2018), Liyunxia(2018), Jin minmin(2019)
도안	C21	식별성	Ni Yanxin(2012), Luan Hailong(2016), Li Zuwei(2019), Li Feng(2014), Lu Hongmei(2015), Zhang Nina(2021)
	C22	정제성	Li Zuwei(2019), Li Feng(2014), Lu Hongmei(2015), Zhang Nina(2021)
	C23	전승성	Zhaojun(2014), Lidan(2018), Zhangxiaoyi(2019)
	C24	참신성	Luan Hailong(2016), Li Zuwei(2019), Li Feng(2014), Lu Hongmei(2015), Zhang Nina(2021)
	C25	통일성	Wu Bihu, Zhong Yuena(2015), Wang Bing(2014), Li Chung(2014), Chen Lu(2015)
소재	C26	소재성	Zou Tongzhong(2010), Wang Bing(2014), Li Chung(2014), Chen Lu(2015)
	C27	질감성	Ge Quansheng(2015), Xu Xiaobo, Zhao Lei, Liu Binyi, Wu Bihu, Zhong Yuena(2015)
	C28	근리(筋理)성	Gaoman(2019), Chenxiaowei(2014)
	C29	편리성	Xu Xiaobo, Zhao Lei, Liu Binyi, Wu Bihu, Zhong Yuena(2015)
공예	C30	타당성	Zhu Mei, Wei Xiangdong(2014), Ge Quansheng(2015)
	C31	현대성	Wang min(2013), Zhou chenjun, He zhangqiang, Yuan shiqun(2019)
	C32	표준화	hou chenjun, He zhangqiang, Yuan shiqun(2019)

Ⅲ. 하란산 문화상품의 조사 및 분석

안전	C33	견고성	Li Winfei(2016), Wang Xin(2018), Li Xiahe, Xu Xiaobo, Zhao Lei, Liu Binyi, Wu Bihu, Zhong Yuena(2015)
	C34	사생활보호성	Nuan hailong(2016), Wang zhicheng(2006)
	C35	예장성	Chenlu(2015), Lichen, Zhaojun(2014), Lidan(2018), Zhangxiaoyi(2019)
	C36	경고성	Zhaojun(2014), Lidan(2018), Zhangxiaoyi(2019)
심미	C37	예술성	Molian(2016), Qiaojin(2015), Zhang xiaotong(2020)
	C38	시대성	Xuxiaobo, Zhaolei(2015), Wang bangxiu(2011),
	C39	대중성	W fengyun(1988), He jide(2012), Li xiangshi(2012)
	C40	쾌락성	Yu wanyuan, Feng yafen, Liang jinmei(2013)

3.3.2 평가지표 선정

선정방법

인류의 문제해결 사고방식을 출발점으로 한 퍼지이론(Fuzzy theory)은 현실생활 속에서 불분명하고 불확실한 상태를 표현하는 이론으로, 가장 뚜렷한 특징은 사람의 사고방식을 비교적 잘 구현하여 사람의 체험 혹은 경험에 대해 조합, 반영해 복잡한 사물과 시스템에 대해 퍼지측도, 퍼지식별, 퍼지추론, 퍼지제어와 퍼지결정을 진행한다. 퍼지수학이론에 근거하면 전문가들은 방안 혹은 성과에 대해 평가할 때 매우 복잡하거나 정의하기 어려운 일부 평가지표의 평가값에 대해 정량적 방법으로 표현하기 어려운 경우가 많다. 이런 경우 퍼지숫자의 관념으로 지표의 평가치를 표현할 수 있다. 퍼지이론에서 보면, 비록 전문가의 공통성은 미지의 함수 형태이지만 이는 평균 수치의 개념으로 확정할 수 있기 때문에 평균치를 개념으로 하는 일반화된 식으로 각종 형태의 공통성 함수를 설명할 수 있다.[69]

델파이법(Delphi Method)은 전문가 조사법이라고도 불린다. 1946년 미국 랜드연구소에서 제시한 자문정책기술로써 주로 익명의 형식으로 여러 차례 전문가들의 의견과 피드백을 얻어 전문가들의 의견이 점차 집중되어 최종적으로 비교적 신뢰성 있고 일치한 결론을 얻는 방법이다. 이런 방법은 일정한 과학성과 실용성을 가진다.[70]

퍼지 델파이법은 통계분석과 퍼지계산법으로 전문가의 주관적인 의견을 준 객관

---

69) https://baike.baidu.com/item/模糊德爾菲法/10823116?fr=aladdin, 2020.5
70) 전화유(陳華友, 2018), 「통계예측 및 의사결정(統計預測與決策)」, 과학출판사(科學出版社), p.27

하란산(賀蘭山) 관광문화상품 디자인

적인 데이터로 전환시키고 지표를 추출한 다음 전문가들의 주관적인 사고의 불분명성과 불확실성을 종합적으로 고려하여 연구에서 가정한 목표에 도달할 수 있다.

본 논문에서는 양처(2015), Chiahsu Lin(2013), 양소, 임택평(2009), 정창빈(2001), 김창은, 최환석(1996)의 퍼지 델파이법에 근거하여 종합분석법을 활용하여 초보적인 평가지표를 얻는다. 전문가들의 의견수렴을 통해 삼각 퍼지숫자를 활용하여 전문가들의 의견을 종합 및 정리하고 퍼지거리(Fuzzy Distance)에 대해 검증하여 전문가 의견이 수렴할 수준에 도달하는지 검정하여 최종적인 평가지표를 얻는다. 구체적인 방법은 다음과 같다.

(1) 설문지 통계분석

설문지에 대한 전문가들의 피드백에 근거하여 각 평가지표의 중요도 수준의 단일값, 중요도 수용 최소치 및 중요도 수용 최대치를 분석하여 2배의 표준편차 이외의 극한값은 삭제한다.

(2) 전문가 의견 수렴성 검증

제1차 설문조사 및 처리

제1차 설문조사는 초보적으로 추출한 평가지표에 대한 의견을 수렴하는 것을 목적으로 하였다. 2021년 7월 8일 설문지 35부를 배부하였고 유효한 설문지 총 32부를 회수하여 그 회수율은 91.4%에 달하였다. 유효한 설문지 응답대상의 성별, 나이, 직업, 전공영역 등에 대한 통계내용은 <표 3-8>과 같다. 그 가운데서 남성은 17명(53.13%), 여성은 15명 (46.87%)으로 성별의 비율은 비슷하게 나타났다. 연령구조에서 30대가 3명(9.37%), 40대가 8명(25%), 50대가 14명(43.75%), 60대가 7명(21.88%)으로 나타나 50대 전문가가 가장 많은 것으로 나타났다.<표 3-8>

<표 3-8> 조사 대상자의 성별 및 나이 구조

구분		빈도	퍼센트
성별	남성	17	53.13%
	여성	15	46.87%
나이	30대	3	9.37%
	40대	8	25%
	50대	14	43.75%
	60대	7	21.88%

직업 구분에서는 관리자 5명, 연구원 8명, 대학교수 9명, 경력디자이너가 10명으로 구성되었으며 평균 근무경력은 18년 이상으로 나타났다.<표 3-9>

<표 3-9> 조사대상 전문가 선별 기준

조사대상	근무지	전문영역	인원	평균 근무기간
관리자	하란산 암각화 관리소 은천시 문화 관광국 은천 관광 발전 서비스 센터	관광문화관리	5	21
연구원	닝샤 암각화 연구 센터 은천시 교육 과학 연구원	암각화 유물 보호 관광개발계획	8	25
대학교수	닝샤대학, 후난 공업대학 중국미술학원	제품 디자인 시각 전달 디자인 재료학	9	18.5
경력디자이너	닝샤대학문창설계연구개발중심 구오문창문화전파설계회사 닝샤수어팡문화과기유한회사 닝샤구천문화아이디어설계유한회사	제품개발설계 문화전파디자인 디지털 미디어 디자인	10	23

<표 3-10>과 같이 전문가 의견에 대해 정리하고 통계하여 원래의 제2수준에서의 9개 지표와 제3수준에서의 42개 지표 중 정의가 명확하지 않고 실제적인 평가 의의가 없거나 서로 포함되는 내용을 가지는 평가지표에 대해 삭제 혹은 항목을 병합하여 최종적으로 <표 3-10>과 같이 총 21개 초보적인 평가지표를 얻었다.

<표 3-10> 제1차 의견수렴 설문지 정리내용

기준	원번호	평가지표	전문가 제안	처리 의견	새 번호
B1 스타일	C1	다양성	/	/	C1
	C2	혁신성	다른 내용 포함	본 항목 삭제	삭제
	C3	간단성	/	명확한 표준	C2
	C4	실용성	/	명확한 지표해석	C3
B2 색채	C5	조화성	/	/	C4
	C6	미관성	다른 내용 포함	C1 `C8과 합병, 본 항목 삭제	삭제
	C7	풍부성	/	/	C5

하란산(賀蘭山) 관광문화상품 디자인

	C8	비례성	/	명확한 지표해석	C6
	C9	호응성	/	본 항목 삭제	삭제
B3 인터랙 티브	C10	공공성	/	/	C7
	C11	참여성	/	본 항목 삭제	삭제
	C12	체험성	과도한 의의	본 항목 삭제	삭제
	C13	지능성	기술측면, 과도한 의의	본 항목 삭제	삭제
	C14	오락성	/	/	C8
B4 지속가 능	C15	통용화성	/	명확한 지표해석	C9
	C16	환경보호성	/	명확한 지표해석	C10
	C17	경제성	C16과 상호관련, 합병 건의	C8과 합병, 본 항목 삭제	삭제
	C18	건강성	C16과 상호관련, 중복	합병 건의, 본 항목 삭제	삭제
	C19	재생성	/	/	C11
	C20	주기성	C19와 상호관련, 합병 건의	본 항목 삭제	삭제
B5 도안	C21	식별성	C23과 상호관련, 합병 건의	명확한 지표해석	C12
	C22	정제성	/	명확한 지표해석	삭제
	C23	전승성	/	/	C13
	C24	참신성	C2와 상호관련, 합병 건의	/	삭제
	C25	통일성	/	명확한 지표해석	C14
B6 소재	C26	소재성	/	명확한 지표해석	C15
	C27	질감성	C28과 의사중복	본 항목 삭제	삭제
	C28	근리성	/	/	C16
	C29	가볍고 편함	C26과 의사중복	본 항목 삭제	삭제
B7 공예	C30	타당성	/	명확한 지표해석	C17
	C31	현대성	과도한 의의	본 항목 삭제	삭제
	C32	표준화	/	/	C18
B8 안전	C33	견고성	/	명확한 지표해석	C19
	C34	사생활보호성	/	명확한 지표해석	C20
	C35	예방성	내용 광범위, 판단 어려움	본 항목 삭제	삭제
	C36	경고성	평가지표로 삼을 필요 없음	본 항목 삭제	삭제

Ⅲ. 하란산 문화상품의 조사 및 분석

B9 심미	C37	예술성	/	명확한 지표해석	C21
	C38	시대성	과도한 의의, 판단 어려움	본 항목 삭제	삭제
	C39	대중성	/	본 항목 삭제	삭제
	C40	쾌락성	C14와 중복, 판단 어려움	합병 혹은 본 항목 삭제	삭제
B10 기능	C41	과학성	본 항목 삭제	본 항목 삭제	C1
	C42	이학성	/	명확한 지표해석	삭제

<표 3-11> 평가지표 선정 결과 및 지표

기준	번호	평가지표	지표 해석
B1 스타일	C1	다양성	제품은 여러 가지 형식과 양식을 갖추고 있다.
	C2	간단성	제품은 정체성과 규칙성을 가지고 있으며, 미감을 준다.
	C3	실용성	소비자 자신의 요구에 부합하여, 지속적으로 사용한다.
B2 색채	C4	조화성	색채의 배합이 통일적이고 조화롭고 아름답다. 색채의 유행 추세를 파악하여, 현대풍에 부합하다
	C5	풍부성	색채의 유행 추세를 파악하여, 현대 유행에 부합한다.
	C6	비례성	색 면적 분포가 합리적이다.
B3 인터랙티브	C7	공공성	많은 사용자가 사용하기에 적합하고, 가정 수요에 적합하다
	C8	오락성	한가한 시간을 소비하니, 사람을 기분 좋게 한다.
B4 지속가능성	C9	통용성	환경을 충분히 고려한 전반적 설계
	C10	환보성	환경보호, 에너지 절약, 긴 사용수명
	C11	재생성	재활용 가능성
B5 도안	C12	식별성	도형은 간결, 선명하며 정확하고 쉽게 인식할 수 있다.
	C14	전승성	지역 문화의 특징을 직접 혹은 간결하게 반영할 수 있다.°
	C13	통일성	내용과 형식의 통일, 표준화
B6 소재	C14	재료성	친환경으로, 제품의 기능사용 요구에 부합한다.
	C15	근리성	사람에게 좋은 근리적 촉각과 심리감을 줄 수 있다.
B7 공예	C16	타당성	제품 제조에서 디자인을 현실로 바꿀 수 있다
	C17	표준화	공정을 표준화하고, 공예 작업이 순조롭게 진행되도록 보장하다
B8 안전	C18	견고성	구조의 견고함 정도
	C19	사생활 보호성	사용자의 사생활 보고
B9조작	C21	이학성	사용자가 빠르게 조작 방법을 사용법을 배울 수 있다.

제2차 설문조사 및 처리

제2차 설문조사는 2021년 8월 22일에 진행되었으며. 제1차 설문조사에서 유효설문지를 제출한 대상자들을 제2차 설문조사 대상자로 하였으며 총 32부를 배부하여 32부를 회수하여 유효설문지 회수율은 100%에 달하였다. 퍼지 델파이법에 근거하여 회수한 유효설문지에 대해 통계처리 하였으며 계산하여 얻은 각 평가지표의 중요도 수준 일치값, 퍼지거리 검증치는 (부록1)과 같다.

제2차 설문조사 통계결과를 보면, 일부 평가지표의 중요도 평가는 수렴수준에 도달하지 못하므로 본 설문조사에서 평가지표의 수렴수준에 미달하는 중요도 수용 최소치와 중요도 수용 최대치의 기하학적 평균치를 전문가들에게 참고하여. 계산 결과 모든 평가지표 평가결과는 수렴수준에 도달하였고 전문가 의견은 일치성을 보였으며 이로부터 평가지표 선정에서의 임계값(threshold value) 얻었다. 삭제하여 최종적으로 (부록2)와 같은 결과를 얻었다.

3.3.3 최종 평가지표

두 차례의 설문과 산출 분석을 통해 수립된 평가지표는 최초 40개에서 최종 18개로 확정됐다. <표 3-12>를 통해 선정된 평가지표 중 중요한 값은 3~5점 사이에 분포하며, 4점 이상의 평가지표는 15개다. 상위 5위 평가지표는 C1 다양성(4.88), C3 실용성(4.87), C4 조화성(4.84), C14 재료성(4.80), C10 식별성(4.71)이었다.

<표 3-12> 최종 확정 평가지표

기준	최종 번호	평가지표	점수	기준	최종 번호	평가지표	점수
스타일	C1	다양성	4.88	도안	C10	식별성	4.71
	C2	간단성	4.52		C11	전승성	4.10
	C3	실용성	4.87				
색채	C4	조화성	4.84	소재	C12	재료성	4.80
					C13	근리성	3.22
인터랙티브	C5	비례성	2.62	공예	C14	타당성	4.31
	C6	공공성	2.39		C15	표준화	4.62
	C7	오락성	4.50	안전	C16	견고성	5.40
지속가능	C8	통용화	5.50		C17	사생활 보호성	3.23
	C9	환보성	5.66	조작	C18	이학성	4.50

Ⅲ. 하란산 문화상품의 조사 및 분석

3.4 평가 지표 설문 수정
3.4.1 평가지표 전문가 설문 인자 분석

본 연구는 하란산 문화상품 만족도 설문표를 만들고, 부록 참조4, 연구용 설문지 배부 총 160부, 유효 설문지는 155부를 회수한다. 통계 소프트웨어 SPSS24.0을 이용하여 설문조사 결과를 인자 분석한 결과, 유효 데이터 155건이 KMO 값 0.606, KMO 0.6 이상이고, 바틀렛(Bartlett0의 구형 가설검사로 각 문항간의 관련성이 현저히 나타나는 수치가 0.001 미만으로, 설문은 인자 분석에 적합함을 알 수 있다. <표 3-13>

<표 3-13> 설문 KMO와 Bartlett 검사

KMO 샘플링 적합성 양수(量數)		0.606
바틀렛 구형도 검사	근사 카드 스퀘어	2404.178
	자유도	210
	현저성	0.000

주성분 분석법 (Principal Component Analysis, PCA) 으로 공인자(公因子)를 추출하고, 평가지표 공인자를 카이사(caissa)의 <정태화(正態化) 최대 방차법(方差法 Varimax with Kaiser Normalization)>을 통해 회전시킨다. 개별적인 요인에서의 지표의 수량이 비교적 적은 것을 고려하기 때문에 공인자의 수를 확정할 때, 특징치가 1보다 크거나 같은 원칙에 따라, 동시에 평가지표의 전체 구조를 종합적으로 고려한다. 분석결과 <표 3-14>를 보면 설문 추출 전 9가지 공인자의 누적 방차 해석률은 85.548%이고, 즉 앞의 9가지 공인자는 원래 18개 지표의 85.55% 정보를 포함하고, 해석력은 이상적 수준이고 각 공인자의 하중계수는 아래와 같다.

하란산(賀蘭山) 관광문화상품 디자인

<표 3-14> 18개 평가지표 인자 분석

요소	지표	인자 하중 계수									공통도
		인자1	인자2	인자3	인자4	인자5	인자6	인자7	인자8	인자9	
스타일	다양성	0.881	0.064	-0.092	-0.181	-0.113	0.045	0.140	-0.062	-0.021	0.861
	간단성	0.913	-0.078	0.082	-0.163	0.052	0.037	0.111	-0.106	0.069	0.905
	실용성	0.904	0.018	-0.026	-0.091	-0.012	0.121	0.017	0.098	-0.258	0.917
색채	조화성	-0.355	-0.134	-0.114	0.798	0.116	-0.005	0.07	-0.086	-0.078	0.825
	비례성	-0.273	0.253	0.006	0.764	-0.202	-0.065	0.074	-0.069	0.000	0.777
인터랙티브	오락성	0.122	0.080	0.102	-0.131	-0.200	0.895	0.103	0.032	0.173	0.930
	공공성	0.067	0.132	0.062	-0.071	-0.043	0.939	0.152	0.104	0.010	0.948
지속가능	통용화	0.026	0.082	0.902	-0.025	-0.058	0.075	0.05	0.214	-0.029	0.880
	환보성	0.055	0.067	0.787	-0.176	-0.097	0.110	0.075	-0.309	0.281	0.859
도안	식별성	-0.048	0.898	0.077	0.041	0.030	0.139	0.117	0.111	-0.199	0.902
	전승성	0.034	0.941	0.090	-0.003	-0.005	0.081	0.116	-0.003	0.121	0.931
소재	재료성	0.082	-0.006	0.053	0.112	0.941	-0.029	0.051	-0.060	-0.142	0.934
	근리성	-0.152	-0.042	0.033	-0.009	0.884	-0.207	-0.005	-0.172	0.019	0.881
공예	타당성	0.154	0.095	0.134	-0.062	-0.192	-0.012	-0.134	0.881	0.155	0.909
	표준화	-0.226	-0.063	-0.151	-0.025	-0.062	0.164	-0.049	0.863	-0.122	0.871
안전	견고성	0.189	0.075	0.104	0.059	0.015	0.140	0.894	-0.149	0.072	0.902
	사생활보호성	0.066	0.243	0.004	-0.136	0.038	0.116	0.893	-0.029	0.132	0.913
조작	이학성	-0.214	0.204	-0.062	0.023	-0.133	0.197	0.23	0.038	0.800	0.843

비고: 표에서 굵은 부분은 부하 계수의 절대값이 0.4보다 크다는 표시이다.

3.4.2 평가지표 가중치

본 절은 주로 인자 하중 계수 등 정보에 의한다. 지표 가중치 계산은 크게 세 단계로 나누어진다. 먼저, 각 인자의 선형 조합 계수를 계산한다. 즉 각 인자의 하중계수를 특징근에 대응하는 제곱근으로 나눈다. 다음으로, 지수 종합득점계수를 계산하고, 선형 조합 계수를 분별하고 방차 해석률과 곱하여 누적한 후 누적 방차 해석률로 다시 나눈 다음, 마지막으로 지표 가중치를 계산하여 종합득점계수를 합산 처리 후 지표별 가중치를 얻는다. 계산에 사용되는 하중계수, 특징근, 방차해석율 및

III. 하란산 문화상품의 조사 및 분석

누적기여율은 모두 인자 회전 후의 대응값이다. 계산 결과는 <표 3-15>와 같이 공인자 1, 2, 3, 4, 5, 6, 7, 8, 9는 각각 스타일, 도안, 색채, 소재, 지속가능성, 인터랙티브, 안전, 공정, 조작으로 나눈다.

<표 3-15> 선성 조합 계수 및 지표 가중치 결과

명칭	인자1	인자2	인자3	인자4	인자5	인자6	인자7	인자8	인자9	종합득점계수	지표가중치(Wi)
특징근(회전후)	2.859	2.714	2.209	2.127	1.988	1.919	1.849	1.793	1.138		
방차해석률	13.61%	12.93%	10.52%	10.13%	9.47%	9.14%	8.80%	8.54%	5.42%		
다양성	0.521	0.039	-0.062	-0.124	-0.081	0.033	0.103	-0.046	-0.019	0.064	4.19%
간단성	0.540	-0.048	0.055	-0.111	0.037	0.027	0.082	-0.079	0.064	0.081	5.33%
실용성	0.534	0.011	-0.017	-0.063	-0.009	0.087	0.013	0.073	-0.242	0.076	5.01%
조화성	-0.210	-0.081	-0.077	0.547	0.082	-0.004	0.051	-0.065	-0.073	0.012	0.80%
비례성	-0.162	0.153	0.004	0.524	-0.144	-0.047	0.054	-0.051	0.000	0.038	2.52%
오락성	0.072	0.048	0.068	-0.090	-0.142	0.646	0.076	0.024	0.162	0.087	5.74%
공공성	0.039	0.080	0.041	-0.049	-0.031	0.678	0.112	0.077	0.009	0.103	6.77%
통용화	0.016	0.050	0.607	-0.017	-0.041	0.054	0.037	0.160	-0.027	0.098	6.48%
환보성	0.032	0.040	0.529	-0.121	-0.069	0.079	0.055	-0.231	0.263	0.060	3.96%
식별성	-0.028	0.545	0.052	0.028	0.021	0.101	0.086	0.083	-0.187	0.102	6.74%
전승성	0.020	0.571	0.061	-0.020	-0.004	0.059	0.086	-0.002	0.113	0.112	7.39%
재료성	0.048	-0.003	0.035	0.077	0.667	-0.021	0.037	-0.045	-0.133	0.080	5.29%
근리성	-0.090	-0.026	0.022	-0.006	0.627	-0.149	-0.004	-0.128	0.018	0.024	1.60%
타당성	0.091	0.057	0.090	-0.043	-0.136	-0.009	-0.098	0.658	0.145	0.075	4.95%
표준화	-0.134	-0.038	-0.102	-0.017	-0.044	0.118	-0.036	0.644	-0.115	0.019	1.24%
견고성	0.112	0.045	0.070	0.040	0.011	0.101	0.658	-0.112	0.068	0.107	7.05%
사생활보호	0.039	0.148	0.003	-0.093	0.027	0.084	0.657	-0.021	0.124	0.100	6.55%
이학성	-0.127	0.124	-0.042	0.016	-0.094	0.142	0.169	0.029	0.750	0.066	4.31%

1) 가 항목별 포인트 적립 메커니즘

$$W_n = \sum_{i=1} b_i X_i$$, 공식에서 Wn——항목별 평가항목 득점치, bi ——지표 상대 소속 평가항목의 가중치, Xi: 지표 평가 부여치

2) 제품 총점수 매김 메커니즘

$$W = \sum_{i=1}^{10} a_i X_i$$, 공식에서 Wn ——하란산 암각화 문화상품의 평가 총점수, ai ——18개 평가지표의 상대적 지표체계의 가중치, xi ——지표별 평가부과

3) 제품의 품질 등급 구분

평가 점수 매김 메커니즘에 의하면, 단일 문화상품의 평가 총점수는 최고 5점, 최저 1점, 개별 평가항목은 최고 5점, 최저 1점이다.

3.4.3 평가체계 검증

다양한 주제를 무작위로 골라 하란산 암각화 문화상품의 시장 판매 실물 제품10점, 디자인부록(4) <하란산 암각화 문화상품 만족도 채점표> (1=매우 불만족, 2=불만족, 3=보통 만족, 4=만족, 5=매우 만족)를 제시했으며, 부록4를 참고하여 인터뷰하는 이용자가 제품에 대한 각 지표항목별 설계표현에 따른 만족도를 산정한다. 각 제품의 18개 평가항목의 점수와 종합점수 및 순위, 예를 들어 <표 3-16>과 같이 초기 시장조사 연구를 통해 10개 제품의 점수 순위는 그 시장의 선호도와 기본적으로 거의 일치한다. 평가 체계의 효용성 및 그 구축 방법 프로세스의 합리성을 검증한다.

III. 하란산 문화상품의 조사 및 분석

<표 3-16> 제품 득점

설계 요소	제품1	제품2	제품3	제품4	제품5
가중 총점	3.9048	4.2381	4.1905	3.9524	4.3810
스타일	4.0000	4.3333	5.0000	3.6667	4.3333
색채	3.6667	4.3333	3.3333	4.0000	5.0000
인터랙티브	4.0000	4.0000	4.0000	3.5000	4.0000
지속가능	3.6667	4.3333	4.6667	4.0000	4.6667
도안	3.3333	4.3333	4.3333	4.6667	4.6667
소재	4.0000	4.5000	4.5000	3.5000	4.0000
공예	4.0000	3.5000	4.0000	4.0000	5.0000
안전	4.5000	4.5000	4.0000	3.5000	3.0000
조작	5.0000	4.0000	3.0000	5.0000	4.0000
설계 요소	제품6	제품7	제품8	제품9	제품10
가중 총점	4.0476	3.9524	3.7143	3.8571	3.7143
조형	4.3333	4.3333	3.6667	4.3333	3.3333
색채	4.6667	4.6667	4.6667	4.3333	4.6667
인터랙티브	4.0000	3.5000	2.5000	2.5000	3.5000
지속가능성	4.6667	4.0000	3.6667	3.3333	4.0000
도안	3.6667	3.3333	2.6667	4.0000	3.6667
소재	3.0000	4.5000	4.5000	4.0000	2.5000
공예	3.0000	4.5000	4.5000	4.0000	3.0000
안전	4.5000	3.0000	3.5000	4.0000	4.0000
조작	4.0000	3.0000	4.0000	4.0000	5.0000

평가 산출 결과 <표 3-16>에 의하면 평가 점수가 가장 높은 상위 네 가지 디자인 요소는 스타일, 도안, 색채, 소재이다.

3.4.4 디자인 평가 지표의 활용

전문가 그룹과 관광객 조사 연구 결과에 근거하다. 평가 유형을 요소 추출식으로 연구를 전개한다. 디자인 요소를 추출하는 방법으로 간단하게 응용하고 작업성이 뛰어나 장식성이 강한 의류 액세서리, 생활용품 등 제품 디자인에 더 잘 적용할 수 있다. 이용자의 니즈를 바탕으로 하란산 지역의 문화적 특색을 가장 잘 나타내는

요소를 추출하여 도안, 색채, 소재, 조형 네 가지 측면에서 혁신적인 연구를 전개한다. 평면화된 설계 방법이 주류를 이루며, 쉽게 변식이 가능하고, 하란산 암각화 관광지의 독특한 특색을 살릴 수 있다. 하란산 암각화 관광지 문화 관광 문화상품의 디자인 원칙과 디자인 방법을 형성하고, 관련된 활용 방법은 다음 장에서 자세히 다룬다.

Ⅳ. 하란산 암각화 관광문화상품 개발 사례 활용

4.1 디자인 이념
4.1.1 지역문화 부각

하란산의 지역 문화 요소 중 가장 직관적인 것은 볼 수 있는 암각화 그림, 산맥, 황하 등의 풍경이다. 문화상품을 창작할 때 우리는 이 상(象)의 실물을 어느 정도 추상적 형태로 바꿀 필요가 있다. 상(象) 형태의 제품이기 때문에 공예의 분위기가 너무 강하고 문화적인 분위기가 약해 급변하는 미적 유행에 적응하기 어려운 이유이다. 하란산 지역의 문화 원소의 선택은 매우 중요하며 선택과 추출에 있어서 두 가지 원칙을 따라야 한다.

첫째, 현지의 인문환경을 존중하는 것이다. 하란산 지역은 서하역사문화, 회족의 풍습, 종교신앙 등 뚜렷한 인문환경을 갖추고 있는데, 이는 그 지역의 역사적 침전이며, 현재 상태이며, 미래 발전 방향에 중요한 판단요소이다. 하란산 지역만의 문화상품을 디자인하려면 현지의 인문환경을 고려한 정확한 자리가 필요하다.

둘째, 현지의 식별성을 갖는다는 점이다. 식별성은 선택된 요소가 편차나 차이 없이 선명하고 빠르게 이 지역을 사람들에게 연상시키도록 하는 것을 말한다. 하란산 지역의 문화 요소를 바탕으로 한 문화 문화상품은 지역 식별도가 높아 제품이 하란산에서 유래한 것을 바로 연상케 한다. 이것은 제품이 내포하고 있는 지역 특색이 반드시 뚜렷한 특징을 요구함을 뜻한다. 예를 들면 하란산은 독립된 산맥으로 산이 높고 골짜기가 깊으며 산세가 웅장한 것이 중국 남방의 산과 비교적 크게 구별된다. 하란산 아래 황하 물살이 빠르고 토사가 많아 상류에서 '지(几)'자형 모양을 이루고 있어 다른 지역의 하류와 다른 특징을 보인다.

4.1.2 사용자 소비심리에 부합

본 연구 제3장에 근거하여 문화상품에 대하여 사용자 화상과 관광객 만족도를 조사 연구해 문화상품 소비 선호도에서 푸드, 액세서리, 문구류 등 가벼운 아이디어 제품을 선호하는 것으로 나타났다. 모든 문화상품 카테고리에서 가장 인기 있는 세

하란산(賀蘭山) 관광문화상품 디자인

종류는 아이디어 푸드, 액세서리, 홈 액서서리였다. 전통문화와 일용품의 결합은 이미 폭발적으로 힘을 얻는 포인트가 되고, 관심거리가 될 만하고, 전통적인 여행기념품류, 예를 들어 여행용품, 인형, 장난감 등은 사용자에게 이미 일정한 미적 피로감을 느끼게 하고 흥미를 못 느끼게 한다.

성별로 볼 때, 여성은 소비 주력층으로 문화상품 시장을 이끌었고, 구매자의 10분의 7을 넘는다. 젊은 소비자는 문화아이디어상품을 가장 많이 구매하는 사람들이다. 문화상품 단가 지표를 보면 300위안은 조사 연구의 한계치 결과이다. 그러나 만약 문화 상품이 아주 디자인 방면에서 특색을 가지고 있고, 보통 사용자가 더 높은 판매 가격을 받아들일 수 있다면, 주요 소비 가격은 51~300위안에서 101~500위안으로 상승하고 특색 있는 문화아이디어상품 문화 소비의 향상을 촉진하는 뚜렷한 역할을 한다. 일반 상품보다 문화 상품에 대한 사용자의 기대가 상대적으로 더 높고, 구매 심리적으로도 더 크다. 문화적 가치와 창의적 가치에 치우쳐 보다 아름답고 재미있고 질적인 삶을 추구하기 위해 더 많은 돈을 지불하기를 원한다.

따라서 제품 디자인을 전개할 때 사용자의 소비 심리에서의 출발이 아주 중요한 점이고, 미감을 중시하는 동시에 상품의 전반적인 품질을 높여야 소비자들이 지속적인 감동을 받고 정서적 공감이 얻을 수 있다. 사용자 목표는 35세 이하 여성 위주로, 제품 색상을 연한 색상 혹은 화려한 색상으로, 스타일은 귀엽고 여성스러운 스타일 위주로 조정할 수 있고, 기능적으로 여성의 일상생활에 관련된 거울, 양산, 립스틱 등을 연구 개발한다.

4.1.3 다양한 쇼핑 환경에 적합

제2장의 조사 연구를 보면, 하란산 지역의 기존 문화상품 판매 환경은 오프라인 문화상품 스토어와 온라인 두 종류다. 현재 모바일 인터넷이 뜨면서, 휴대폰은 중요한 정보 매체의 운반체로서, 문창 디자인은 반드시 온라인의 전파와 마케팅 홍보를 결합해야 한다. 따라서 문화상품이 오프라인 스토어, 온라인 등 다양한 쇼핑 환경에 적합해야 하는 것이 필연적인 추세이다.

온라인에서의 마케팅은 체험과 홈페이지 마케팅 두 가지 방식을 포함한다. 홈페이지 판매 환경은 대형 쇼핑몰, 모바일 앱, 틱톡 채널 등의 플랫폼에서 문화상품을 판매한다. 하란산 암각화 문화상품의 온라인 판매가 트렌드가 될 것으로 예상되기 때문에 문화상품 디자인도 다양한 쇼핑 환경에 맞춰야 한다. 고객이 더 좋고, 빠르고, 정교한 제품과 서비스를 제공받을 수 있도록 해야 한다. 뉴미디어 채널에서 이모티콘, 입력법 스킨을 이용하고, 고품격 문화 프로그램에서 사용자와 교류하고, 사용자와 거리를 좁히는 방식이다. 온라인 쇼핑몰 판매는 하란산 암각화 문화브랜드 인지도를 높일 수 있고, 브랜드의 문화적 가치도 높일 수 있다. 제품 디자인 단계에서 하란산 암각화 브랜드 IP 이미지에 부합해야 하고, 홈페이지 미공(美工) 디자인, 상품 포장, 택배 포장도 잘 어울려야 한다.

 네트워크 도입 체험 환경은 디지털화된 온라인 제품이 형태 양식에서 기능 체험 등 광범위한 인정을 받은 후에야 진일보한 아이디어와 관련된 오프라인 파생 제품의 디자인을 더 고려하게 되었다. 하란산 암각화 관광지에는 '암각화 인화' 문화체험행사가 있어 관광객들의 인기를 끌고 있다. 그러나 이 체험은 관광지에서만 가능하며 온라인 체험 방안은 시작되지 않았다. 하란산 암각화는 이 행사로부터 시작, 온라인에 체험 도입 고리를 추가할 수 있다. 사용자는 휴대폰, 컴퓨터, IPAD 등의 디지털 기기를 통해, 전통 문화 방식을 유창하고 자유자재로 체득하여 사용자들의 체험을 증진시킨다. 기예(技藝) 전시 모듈에서는 간결한 인터랙티브를 통해 '암각화 인화'의 기술적 과정을 체험할 수 있다. 마우스 클릭을 통해 기술적 과정을 일괄적으로 완성하는 칼의 선정, 조각, 염료 갈기, 채색, 인쇄 등의 각 코너마다 서로 몰입 방식으로 체험할 수 있다. 좋은 체험을 통해 오프라인 체험공간에 대한 내용은 참여와 인터랙티브의 제품과 체험을 담아 '못 가지고 가는 풍경, 가지고 가는 기분'의 슬로건을 진정으로 담아냈다.

4.2 디자인 요소의 전환과 융합
4.2.1 도안 요소

 도안은 가장 직관적인 지역 특색요소이다. 색상이 선명하고 문양이 독특하고 선명한 도형, 지역문화의 특성을 직접 혹은 간결하게 반영할 수 있다. 디자이너는 관광지의 지역 건축도안을 통해, 전통 마스코트 도안을 추출, 구조 해석, 재스타일링 등을 통해 현대인의 미적 감각에 맞는 설계 방법을 만들고, 그 속에 아름다운 축원을 담았다. 유물을 다양한 각도에서 해석하고, 도안의 상징문화적 의미를 추출하여, 문화와 시각소비의 기호를 변환한다.

　원시 시대 인류 생활의 도안 형태는 이미 객관적 현상의 예술적 매력을 초월하고 있다. 인류 초기의 도안 형태는 오늘날 사람들이 도안에 대한 창조의식 같은 그런 과학적인 미학 관념을 가져오지는 않지만, 시각적 형태의 반영으로 현대인들이 숭상하는 도안의 의미를 담고 있으며, 이러한 도안의 의미는 대부분 객관적인 사물에 대한 대응을 통해 '구상화'적으로 표현된다. 원시적 사고 단계에서, 구상의 객관적 의미는 원시적 집단 표상과 관련되어 있다. 그런 원시 장식물 위에 나타나는 구상 도안, 우리는 원시인들이 이런 도안의 과정 중 의미를 묘사하고 있음을 알 수 있다. 자연 물상을 따르는 인지적 특징을 완전히 버리지 않았음을 알 수 있지만, 원시적 사고 집단표상의 습관은 주체와 객체 사이에 서로 침투하기 때문에 도안의 구상형 태를 표현할 때 원시인의 관념의식은 원시문화 내부에서 조형 논리로 면면히 이어져 왔다.

　뤼시앵(Lucien Lévy-Bruhl, 1857~1939)은 "원논리적 사고는 이처럼 자연계를 객관화시키지 않는다. 그것은 우리 스스로가 자연계와 상호 침투의 감각을 빌려, 곳곳에 있는 상호 침투의 감각으로 자연계를 감지하는 것이 낫다고 할 수 있다. 그것은 사회적 형식으로 복잡하게 얽힌 상호 침투감을 표현하고 있다. 오직 일정한 존재물로 확대되는 상호 침투 속에서, 존재물 사이를 순환하는 것과 집단 표상 속에서 이 존재물들을 연합하고 통일하는 신비한 역량 속에서만 일반적인 요소를 찾는다"[71]고 말했다. 인류 역사상 삶을 반영하고 미화하는 생활의 도안은 오늘날의 사고와 연구의 귀감이 되는 대상이다. 인류 초기의 구상적 도안 형태에 반영된 조형적 의미는 오직 대응물의 일반적인 특징만을 나타낼 수 있으며, 이를 위한 미감의 본질은 그림과 같이 아주 깊다.(그림 4-1, 4-2, 4-3 예시)

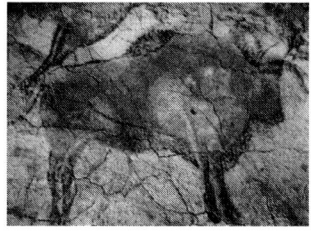

<그림 4-1> 스페인 알타미라 동굴 그림의 들소 이미지

---

71) [法] 列維·布留爾, 丁由譯, 「原始思維」, 商務印書館, 1986年, p.124

Ⅳ. 하란산 암각화 관광문화상품 개발 사례 활용

<그림 4-2> 이집트 연꽃과 자사초 결합의 도안

<그림 4-3> 그리스 도병상의 상화꽃 도안

 도안은 구도할 때 물체와 물체 사이의 전후 관계, 허실 관계, 주차 관계, 차원 관계, 밀도 관계 등에 주의해야 한다. 보통 구도 방식은 다음과 같이 두 가지가 있다. 규칙적 배열은 일반적으로 수평배열, 수직배열, 사선배열 등으로 나뉜다. 이런 구도는 화면의 안정성을 주고, 보다 질서 있고 또렷하게 보이게 한다. 불규칙적인 배열은 구도가 화면을 더욱 인간적으로 만들고, 많은 다른 화면 효과를 얻을 수 있다. 그러나 사람들의 미적 관습과 기본적인 화면 형식의 미적 감각을 아래 그림과 같이 반드시 따라야 한다.(그림 4-4 예시)

<그림 4-4> 도안 중의 구도

하란산(賀蘭山) 관광문화상품 디자인

다음은 기하학적 도안, 풍경 도안, 동물 도안, 인물 도안, 네 가지 방면에서 도안 요소와 제품 디자인과의 융합 방법을 서술한다.

1) 기하학 도안 변형

이 사고 방향의 중요성은 가장 간단한 기하학 형태(예: 원형, 사각형, 삼각형) 중에서 선택하고 취해서, 더욱 더 믿을 만하고 합리적이고 내재적이며 풍요로운 형식과 미적, 창조적 역량을 배울 수 있다.

기본형의 내재된 힘은 사실상 가장 간단한 기하학형을 운용하고, 기존에 비해 도형을 더욱 더 심미적 효과에 부합하는 그런 감염의 역량, 일정한 형식의 조합을 거치지 않는다. "형식이 시뮬레이션과 사실에서 벗어나 스스로 독자적인 성격과 전진의 길을 이루게 되자 자신의 규율과 요구는 나날이 중요한 작용을 하게 되었고, 사람들의 느낌과 관념에 영향을 준다"72)고 말했다. 예를 들어, 세 가지 기본적인 기하학 형태(원형·사각형·삼각형)로 형식적인 구성과 가공을 하면, 그 결과물이 기존보다 더 쉽게 그들의 공통적인 미의 힘을 불러일으킬 수 있고, 이렇게 기하학적 형태 조합의 설계 방식은 무의식 중에 그 미의 내재적 힘의 깨우침에 더욱 집중한다고 할 수 있다. 따라서 원의 형태가 분할되어 재결합하고 또 다른 의미의 원형이 되어 나타날 때에도 풍만하고 탄성이 풍부한 내적 역 그림을 가지고 있으며, 여기에 사각형과 삼각형의 조화가 그들에게 천성적으로 혈연이 깊은 예지와 역량을 내뿜게 한다.<그림 4-5>

여러 가지 기본적인 기하학 형태를 절단, 조합, 중첩, 분리, 그리고 총체적인 프레임에 매력적인 처리를 하고, 강화되는 기하학뿐 아니라 도안의 내재적인 역량을 더욱 더 증진시키고, 전체 작품의 디자인 미의 의미를 담아낸다.<그림 4-6>

---

72) 李澤厚,「美的歷程」, 文物出版社, 1982年, p.30

Ⅳ. 하란산 암각화 관광문화상품 개발 사례 활용

<그림 4-5> 기하학적 도안으로 형성된 내재적 장력

<그림 4-6> 제품 포인트 기하학 도안 응용

2) 풍경 도안 변형

풍경 도안 주요 원소 장식 변화의 자연경물에는 나무, 구름, 물, 산, 돌, 인조경물 등이 있는데, 이런 자연경물의 형상은 풍부하고 구조가 복잡하며 다양하게 변하고 있고, 그들을 질서화하여 요약하고 정리하고 다듬는 데 중점을 둔다. 도안의 장식 변화는 자연 속의 실제 정경을 소홀할 수 있고, 필요한 소재를 모아 조직 변화를 할 수 있으며, 비율은 불균형할 수 있고, 색상도 실재를 추구할 필요가 없으며, 흑백회의 관계는 화면의 수요에 따라 디자인할 수 있다. 풍경 도안의 변화 방법은 문양 첨가법, 과장법, 기하법, 분할 재구성법 등 매우 많다. 화면 요소를 조직할 때, 각 요소의 배열, 착첩, 투첩, 교차 및 투시 관계 등 공간 분포의 균형성에 유의해야 한다.

하란산(賀蘭山) 관광문화상품 디자인

풍경 도안 디자인 포인트 방법은 다음과 같다.

첫째, 풍경 도안의 경치미를 추구한다. 여러 가지 본을 같은 시공간에 있지 않게 형상 조합을 함께하고, 자연의 풍경 자체가 보여줄 수 없는 이상적이고 낭만적이며 완벽한 풍경을 돋보이게 한다.

둘째, 전형적인 경물을 표현하고, 장면별로 구분한다. 장면별 장식 도안의 특징을 강렬하게 하고, 개성을 선명하게 한다.

셋째, 경물의 주차를 분명히 가린다. 공간적 차원감을 명확히 하고 서로간의 대비 관계를 잘 조화시킨다.

넷째, 평면체 활용구도와 층첩식 구도로 기발한 풍경화면을 창조한다. 도안 효과를 풍부하고 조리 있게 변화시킨다.

나무의 각화(刻畵)는 풍경 도형 구성의 중요한 내용이다. 다양한 나무의 자태와 잎의 모양은 과목에 따라 각기 다른 특징이 있는데, 자태는 우산 모양, 뾰족 뿔 모양, 공 모양, 위로 향하거나 거꾸로 늘어뜨린 것 등이 있다. 잎은 바늘 모양, 원형, 타원형, 삼각형 등이 있다. 나무의 변화는 외형의 높은 정도를 개괄적으로 추구하고, 동태의 대칭과 균형, 가지와 잎의 조리화 및 적절한 문양 처리를 첨가한다. 처리할 때는 나무 그룹간의 변화, 가까운 나무와 먼 나무의 공간관계를 주의 깊게 각화한다. 그러나 더욱 더 주의가 필요한 것은 다양한 선을 이용하고, 자태가 다른 나무 그룹과 직선위주의 건축물 사이에 윤곽의 변화와 조화를 이루며, 산과 돌의 장식변화가 외형의 개괄성과 맥락의 조리에 중점을 두고 산과 돌이 변하고 있다. 외형은 네모, 원, 뾰족 뿔 등 다양한 형태의 변화가 가능하고, 맥락은 선의 곡직(曲直), 굵기, 촘촘한 배열로 표현되며, <표 4-1>과 같이 결을 첨가해 장식할 수 있다.

Ⅳ. 하란산 암각화 관광문화상품 개발 사례 활용

<표 4-1> 풍경 도안 설계

3) 동물 도안

동물의 장식 변화는 도안 변화 중 일정한 난이도의 변화가 있다. 왜냐하면 동물의 종류, 습성, 외형 등의 특징들은 모두 장기간의 이해와 관찰을 통해 필요하고, 변화규칙을 통해 적절하게 과장, 변형, 생략, 정제되어야만 무질서 속에서 규칙이 필요하고 동물의 전형적인 특징을 파악할 수 있다.

동물 도안 디자인 포인트는 다음과 같은 방법이 있다.<표 4-2>

첫째, 동물의 형체 구조를 파악하고, 개성을 강화하며 동태를 돋보이게 한다. 동물마다 다른 개성과 동태 특징을 필수적으로 명확히 구분하고 중점을 강조해야 하는 것, 그것이 바로 동물 도안 디자인의 관건이다.

둘째, 상상을 발휘하여 풍부하게 연상하고, 특정 동물의 자연적 특징에 의거해 기존의 자연 형태의 속박을 과감히 돌파하고, 각종 형식미 법칙에 맞는 시각적 요소와 아름다운 뜻이 서로 결합되어 전형적이고 장식화 된 동물의 이미지를 더욱 생동감 있고 재미있게 해 준다.

셋째, 정감의 지원을 구하고, 의인화를 강조한다. 자연의 이미지를 보다 더 생생하고 완벽하게 친화적인 효과를 낸다.

넷째, 변형과 과장은 적당해야 한다. 동물 도안의 변형과 과장은 합리적이면서도 장식적인 아름다움에 대한 니즈에도 부합해야 한다. 과장이 지나치면 안 되고, 사람은 연상을 되새긴다.

<표 4-2> 동물 도안 디자인

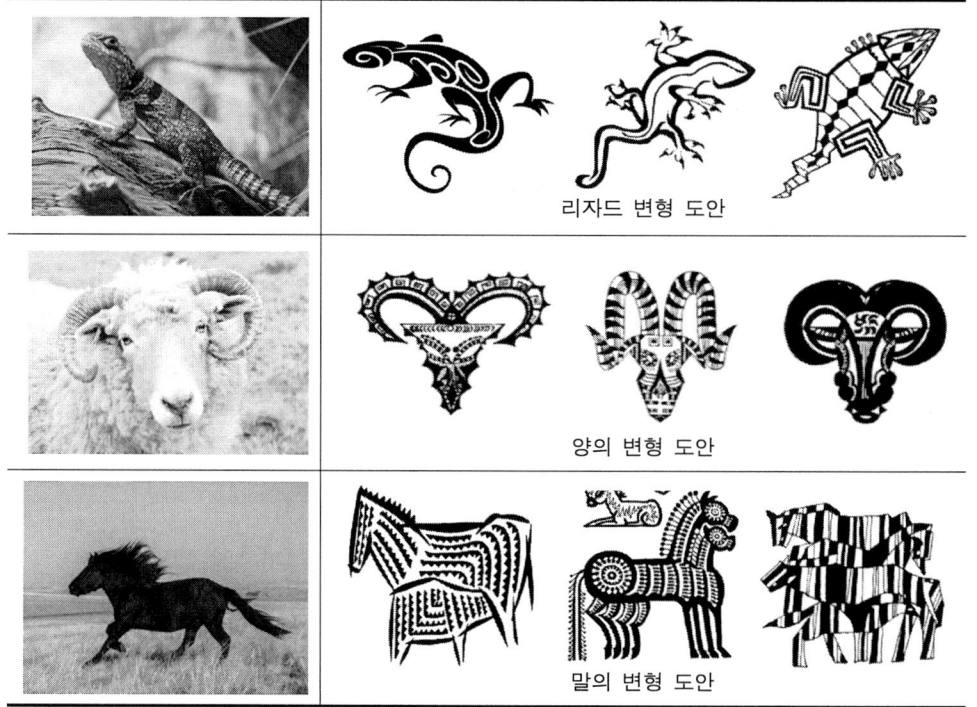

리자드 변형 도안

양의 변형 도안

말의 변형 도안

4) 인물 도안

사람은 만물의 영장이고, 감정의 근원, 사람의 외모, 표정, 색깔, 성격 등이 풍부하고 다채로워서 우리가 좀 더 잘 느낄 필요가 있고, 그래야만 성공적인 인물장식을 그릴 수 있다. 모성애, 아동, 소재, 댄스, 스포츠 소재 등이 있고, 우리는 소재별 선정에 의거해 다양한 스타일을 만들고 디자인해야 한다.

서로 다른 민족·연대·나이·성별·직업·성격·정서 등이 인물의 머리 부분에 극히 풍부한 차이와 변화를 만들어냈다. 인물초상은 줄곧 각종 시각예술 형식으로 표현되고 그려져 왔으며, 인물장식 도안도 이목구비 신태(神態)부터 변화훈련이 가능하다. 얼굴 이목구비의 비례와 조형은 인물의 신태와 감정, 개성 묘사가 관건이다. 비례는 특징을 결정하고, 과장과 변화의 척도도 결정한다. 인물의 신태는 <표 4-3>과 같이 인물의 내면세계의 창이다.

이목구비 신태의 장식 변화는 인물 머리 부분의 형식미적 감각이 돋보이는 이목구비의 배치와 풍부한 이목구비의 형태적 차별성을 살려 요약·과장·변형 등의 기법

Ⅳ. 하란산 암각화 관광문화상품 개발 사례 활용

으로 형상을 보다 전형적이고 장식적으로 만들어야 한다. 표현된 부위를 부각시키는데 중점을 둘 수 있다. 표현 기법에는 선, 색채의 변화 외에도 환경, 빛과 그림자 등의 변화가 더해진 그림 5-98과 그림 5-99와 같이 표현된다.

인물 도안 디자인 포인트는 다음과 같은 방법이 있다.<표 4-3>

첫째, 순간적인 정서를 정하고, 표정을 부각시킨다. 눈 깜짝할 사이에 지나가는 전형적인 표정의 변화를 포착해 특정 인물의 심리적 특징을 제시하는 것은 인물 도안과 기타 소재 도안의 근본적인 차이다.

둘째, 미학적인 안목을 이용해 형체를 이해하면, 인체에 대한 비율이 적당히 과장된다. 동작이나 의상은 좀 더 강한 특징이 있어야 하고, 미의 특징에 대해서는 더욱 강화하고 과장해야 한다.

셋째, 인물 이미지에서 각 부분의 처리는 인물 형상을 구성하는 점, 선, 면의 스타일이 통일되어야 한다.

넷째, 화면의 중 이미지와 배경물이 비교적 복잡하다면, 서로 다른 스타일을 부분적으로 혹은 전부 교차하고 중첩시킬 수 있다. 구상적인 인물 캐릭터를 분할하고 재구성해 디자인 구상에 따라 재구성할 수도 있다.

<표 4-3> 동물 도안 디자인

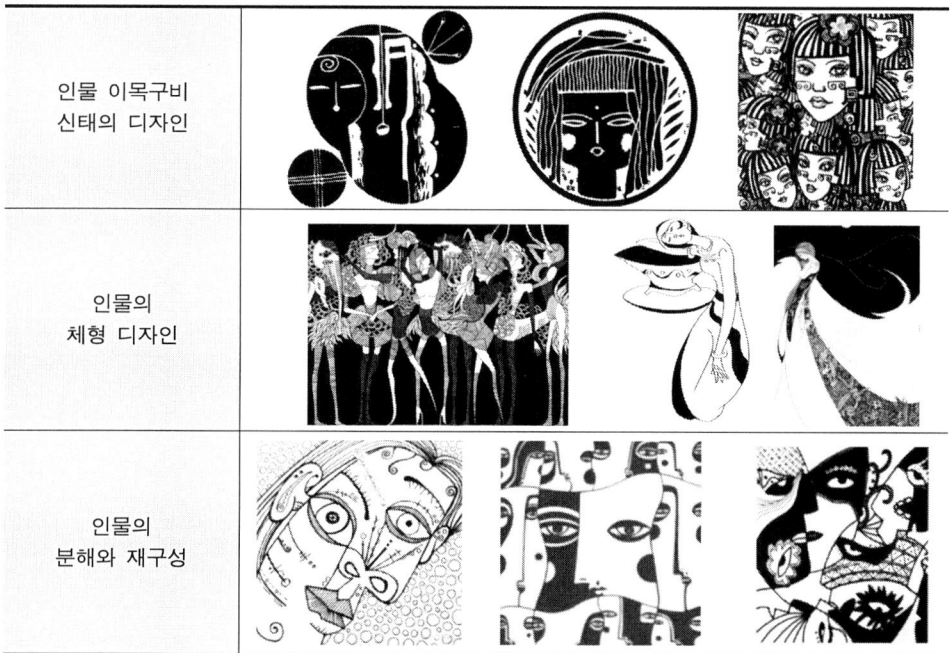

하란산(賀蘭山) 관광문화상품 디자인

인물과 배경의 융합	  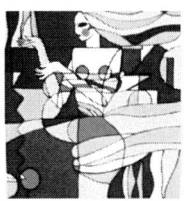

5) 유물 도안

박물관에 진열된 유물은 고대의 역사 문화적 함의를 담고 있으며, 그 자체의 문양이 현대적인 디자인과 결합되어야만 살아날 수 있고, 또한 왕성한 생명력을 가질 수 있다. 예를 들면 산시성 시안 반파 유적지에서 출토된 인면어문채도기는 다양한 변체의 물고기가 도분의 안쪽에 그려져 있거나 도기의 바깥 가장자리에 그려져 있어 제품 도안의 디자인에 귀감이 되었다. 채색도자 문양을 정리하고 귀납하여 문양 원소를 추출하여 대표적인 파절 무늬, 물고기 무늬, 인면어 무늬를 선택하여 분해, 재구성해 새로운 도형 요소를 구성함과 동시에 채색도자기의 외형을 제품 외형의 원소로 선택하여 오렌지, 블루, 자색, 황색을 제품의 주색조로 하여 현대적인 미적 요구에 부합하도록 했다.<표 4-4>

<표 4-4> 유물 도안 디자인

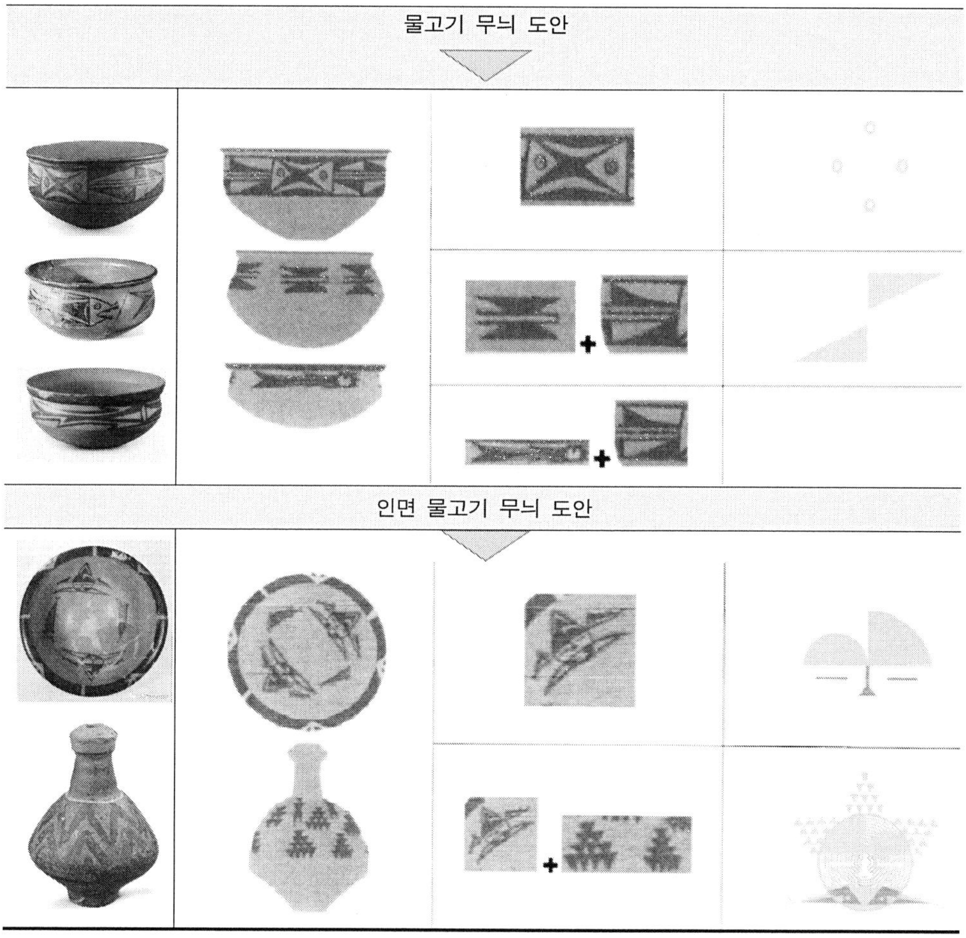

Ⅳ. 하란산 암각화 관광문화상품 개발 사례 활용

물고기 무늬 도안

인면 물고기 무늬 도안

6) 란산 암각화 도안 요소의 추출 과정

암각화 원형의 경우, 하란산 암각화 중 시각적 충격이 비교적 큰 것들을 식물, 양, 소, 인물의 네 가지 종류로 나누어 정리하였다. 이러한 도안들은 돌과 도끼로 암석 위에 새긴 것으로서 선이 소박하고 거칠지만 장식성이 뛰어나다. 핵심 형상 주변에는 당시의 생활상이 함께 새겨져 있어 천 년을 이어온 도안의 고전미가 고스란히 전해진다. 도안 요소를 추출하는 과정에서는 첫째, 도안의 원시적 특징을 요약하고 핵심 도형을 추출하였다. 둘째, 핵심 도형을 기반으로 형상을 디자인하였다. 기하학적인 직선과 곡선을 활용하여 원형 도안을 변형하거나 조합하였기 때문에 훨씬 더 간결한 느낌을 준다. 셋째, 조정, 축소, 확대를 통해 도안의 전체적인 구도를 보완하였다. 넷째, 하란산의 산, 바위 등 환경적 요소의 디테일을 보완한 후 현대적

하란산(賀蘭山) 관광문화상품 디자인

미감을 충족하는 기초 도안을 얻었다. 마지막으로 기초 도안에 검정색, 흰색, 회색을 칠해 넣어 시각적으로 더욱 풍부해진 최종 도안을 완성했다.

<표 4-5> 도안 디자인 요소 추출 과정

도안 디자인 요소 추출 과정					
암각화 원형	1. 특징요약				
	2. 형상디자인				
	3. 구도 디자인				
	4. 세부 디자인				

5. 기초 도안 획득

  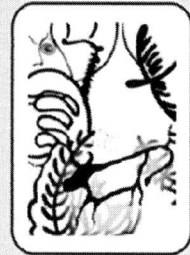 

6 최종 도안

Ⅳ. 하란산 암각화 관광문화상품 개발 사례 활용

상기 도안 요소 추출 과정을 통해 하란산 관광지구의 문화를 계승하고, 개성을 충분히 표현하였으며 도안의 분해, 조합, 평형, 대칭, 축소, 확대, 변형 등을 통해 통일된 스타일의 새로운 도안 형식을 만들어냈다. 도형 완성 후 이미지를 통해 디자인 질감을 표현하였으며 이로써 창작물은 감성적 색채를 갖게 되었고 문화적 함의와 가치를 지니게 되었다.

4.2.2 색채 요소

연구결과를 보면 인간의 시각이 목표대상을 접한 후 처음 20초 이내에 가장 먼저 인지되는 요소는 바로 그 대상의 색채이다. 시간이 흐르면서 모양과 같은 요소들이 비로소 시각적 감각에 들어온다. 색채는 문화상품을 디자인하는데 가장 중요한 요소이다. 이것은 중요한 미적 가치일 뿐만 아니라 인간이 크기, 팽창, 수축, 온도, 무게감, 거리감 등에 대한 심리적 물리적 감각을 유발하여 상품에 대한 감정을 연상시킨다. 동시에 시각은 인간의 기본적인 생리적 감각으로 색채는 시각요소로서 가장 직접적으로 감정에 영향을 준다. 따라서 색채를 이해하는데 있어서 충분히 심리적 요소의 영향을 고려하고 존중해야 하며, 색채를 디자인할 때 심리적, 정서적 영향을 주의깊이 고려해야 한다. 다양한 색채의 배합은 뜨거운 열정, 화려함과 부유함, 침착함과 우아함, 소박함과 개방적 등 다양한 기질을 표현하며 인간의 심미적 정서의 공감 유발과 강한 심적, 감정 변화를 일으켜 일과 생활에 영향을 미친다. 색채의 이러한 예술적 기능은 지역적, 시대적 특징을 가지고 있으며 색채에 대한 인간의 민감함은 색채기능이 문화상품을 선택할 때의 기호를 결정한다.

지역별 사람들의 행동과 생각의 흐름의 차이는 지역문화의 차이를 만들어낸다. 지역문화는 추상적이고 종합적인 개념으로서 역사전승과 공간제한 이 두 가지를 통해 나타난다. 즉 시간과 공간으로서 한정된다.[73] 지역문화 차이로 인해 색채에 대한 사람들의 인식도 매우 큰 차이가 있다. <표 4-6> 중국 전체를 통틀어 특히 좋아하는 빨간색과 노란색은 고귀함, 신성함, 경사를 상징하며 하얀색은 죽음을 상징한다. 중국 티베트 자치구에서 색깔은 방향을 가리키기도 한다. 동쪽은 검정색, 서쪽은 빨간색, 남쪽은 파란색, 북쪽은 노란색을 가리킨다. 미국에서 하얀색은 순결과 아름다움을 검정색은 죽음과 비통의 상징이다. 고대 이집트에서 검정색은 새로운

---
[73] 邱德華,「基於地域文化的城市形象設計策略研究」, 蘇州科技學院, 2009, p.6

하란산(賀蘭山) 관광문화상품 디자인

생명 즉 아름다움의 표현이었다.

영국에서 황금색 혹은 노란색은 존중과 정직을, 검정색은 비통과 후회를, 초록색은 청춘과 희망을, 보라색은 권위와 높은 지위를, 흰색은 신앙과 정결함을, 주황색은 힘과 인내를, 자홍색은 헌신을 상징한다. 한국에서 빨간색은 분노와 흥분의 뜻이 있으며 검정색은 유능하고 고급스러움의 상징이다. 다양한 지역에서의 색채에 대한 이해는 문화상품의 색채요소에 참고가치가 있다.

<표 4-6> 나라별로 색감이 어떤지

국가	색에 대한 이해				
중국	빨간색: 고귀함, 신성함, 경사	노란색: 고귀함, 신성함,경사	흰색: 죽음		
미국	흰색: 순결함, 아름다움	검은색:죽음, 비통			
영국	녹색: 청춘, 희망 / 보라: 헌신	노란색: 존중, 정직	흰색: 신앙, 순결	검정: 비통,후회	주황: 힘, 인내
한국	빨간색: 분노, 흥분	노란색: 절망, 애통	흰색: 순결 무구함	검정색: 유능함, 고급스러움	

인간은 선천적으로 자연스러움을 추구하는 경향이 있어 자연의 색채를 갈망하고 받아들이길 원한다.74) 하란산은 산과 물의 조화가 있고 협곡이 험준한 지역 특색으로 비범한 색채 분위기를 만들어냈다. 하란산 특색의 지방적이고 고유한 색채를 정리하고 정련하면서 하란산 지역을 대표하는 색채가 창작디자인을 개발하는데 유입되면 현재 상품의 부적합한 색채 부분을 해결할 뿐만 아니라 독자적인 정취의 지역 색체를 부각시킬 수 있다.

1) 하란산지역 색상추출

색채디자인은 목적을 가지고 색상을 배합시키는 과정으로서 색채간의 상호영향 및 상호작용의 힘은 영원히 변하지 않는다. 색채가 단독으로 존재할 때는 아름답거나 추함, 조화와 부조화 간의 차이가 존재하지 않지만 다양한 색채가 질서 있고 조화롭게 조직되어 어우러지면 비로소 전체적이고 통일되고 연관된 시각효과를 형성

---

74) YANG Yan-hong, BI Yu-yang, QI Wan-yuan. Develop ment Countermeasures of Cultural Product Design in the New Social Context: A Case Study of Huizhou Regional Cultural Products[J]. The Academic Journal of Changchun University, 2018, 28(9), p.66-70.

Ⅳ. 하란산 암각화 관광문화상품 개발 사례 활용

하게 된다. 대자연은 가장 훌륭한 색상 배합가이다. 자연을 통해서 느낄 수 있는 색채디자인의 기초예술규율은 색채디자인의 가장 기초적인 참고서가 된다.

'색채는 일종의 시각적 기호로 각 지역 간 문화적 풍습을 식별할 수 있도록 한다. 또한 역사 변천에 따른 문화적 특징으로서 때로는 민족의 정신적 자긍심이 되기도 하고 인류 사회와 정신문명의 꽃으로 여겨지기도 한다.[75]

연구 과정에서 은천시 하란산 관광지구만의 독특한 지역 색채를 추출하기 위해 하란산 암각화가 분포된 길을 따라 하란산 300㎢ 이내를 현지 조사하여 산맥, 강, 바위, 하늘의 색채를 관찰하고 500여 장의 사진을 촬영하였다. 선별과 비교의 절차를 거쳐 하란산에 부합하는 지역 색채를 추출하였으며 이는 문화상품의 색채 선정에도 참고가 되었다.<그림 4-7>

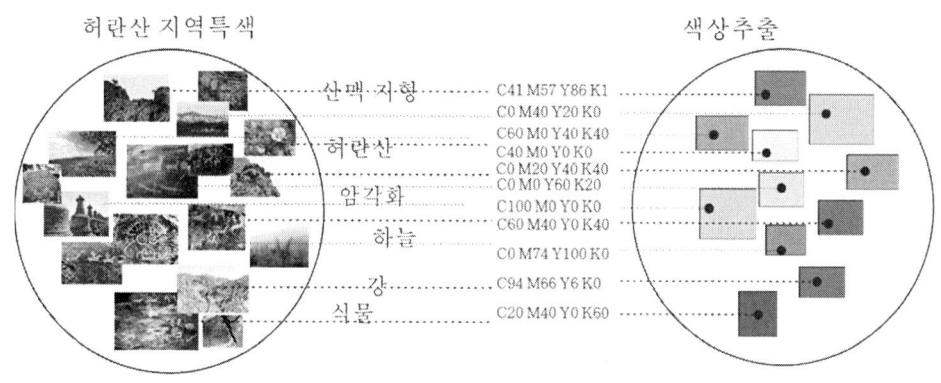

<그림 4-7> 하란산지역 색상추출

우리는 지역적 자연 특색을 가장 잘 나타낸 하란산의 다섯 가지 경관 사진을 보고 색채분석을 해보겠다. 다섯 가지 사진은 각각 다음과 같다. 암각화, 하란산의 저녁, 하란산의 가을, 하란산의 바위, 하란산의 전경 등 다섯 가지 경관을 통해서 색채를 추출한다. 색채를 추출하는 과정에서 '색채 히스토그램'을 기초로 다양한 색채가 사진 전체에서 나타나는 빈도의 통계 결과를 백분율로 계산해내어 비교적 높은 몇 가지 색채를 대표색으로 정한다. 색채를 숫자로 나타내는 색채 히스토그램은 지정된 그래픽에서 같은 색채의 화소 빈도를 계산하는 한 가지 방법이다. 이러한 방법은 보통 그래프로 변환되어 나타내어 그래픽 속 균형을 분석하고 조정하는데 도움이 된다. 색채 히스토그램을 통해 얻을 수 있는 것은 색채수치 분포차트로[76] 계

---

75) Jia Nan·Zhou Jian guo, 앞의 책, p.42-43.
76) GONZALEZ. Digital Image Processing(3rd Edition)[M]. Beijing: Electronic Industry Press,

산비용이 낮고, 영상의 평행이동, 회전, 축도의 불변성 등 수많은 이점이 있어 그래 픽을 처리하는 수많은 영역에서 광범위하게 사용된다.77)

다음의 수학 표시는 아래와 같다.

H(k)=nk/N 이 중 nk 는 그래픽의 k라는 색상의 화소 개수이다. k는 색상값을 가리킨다. k=0,1,…,L L은 색상 가능값을 가리킨다. N은 그래픽의 화소 총 개수를 가리킨다. 그래픽의 색채 출현빈도통계 과정에서 분산된 수치가 결과를 교란시키는 것을 피하기 위해 과도하게 밀착되어 있는 색채는 합쳐서 처리한다.78) 히스토그램 통계과정에서 별도로 RGB 세 가지 통로를 균일하게 3bit으로 합친다. 각 그래픽에서 통계된 256종의 색상 히스토그램을 분포한다. 또한 통계분포를 선택할 때 가장 비율이 높은 24가지 색상을 대표색으로 정한다.<표 4-7>

<표 4-7> 하란산 지역 색채추출

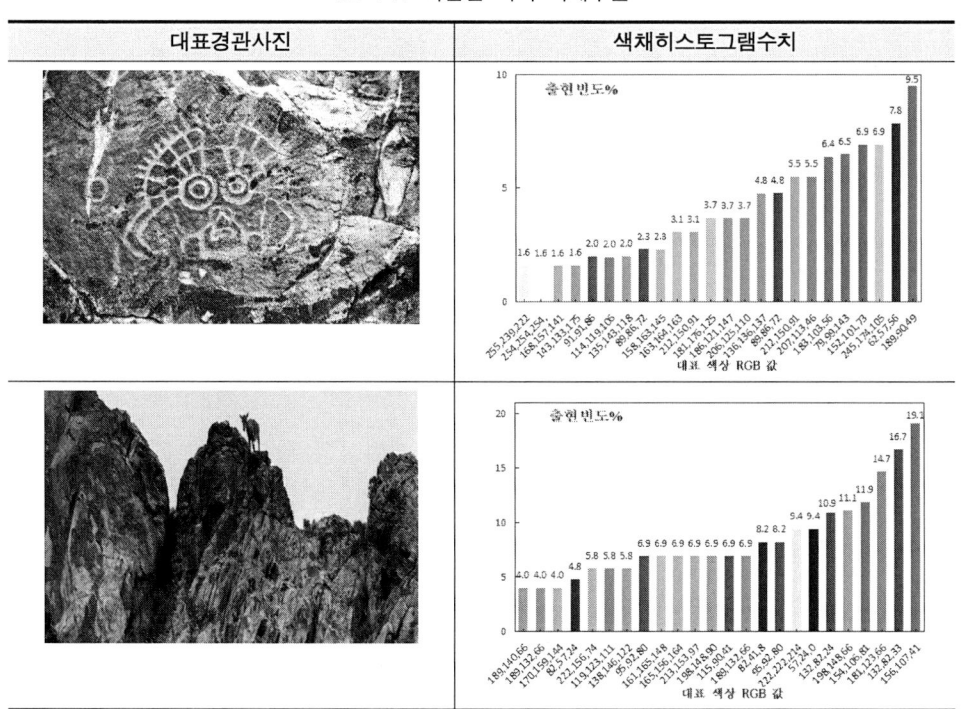

2017, p.145-148
77) XIONG Wei. Color Transfer Based on Color Histogram Matching[J]. Computer Application & Software, 2007, p.94
78) 汪啟偉,「圖像直方圖特徵及其應用」, 中國科學技術大學博士學位論文, 2014, p.47-49

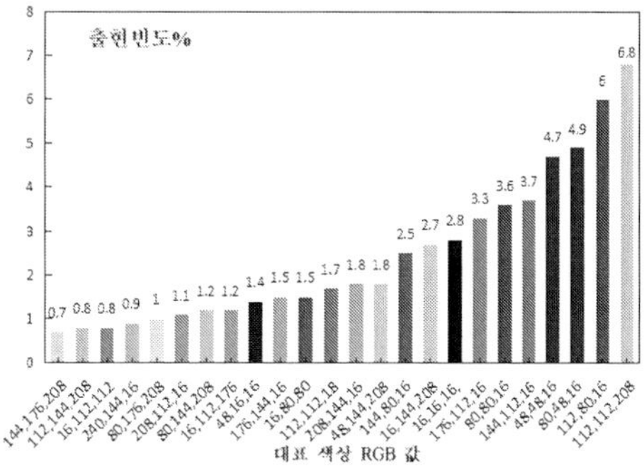

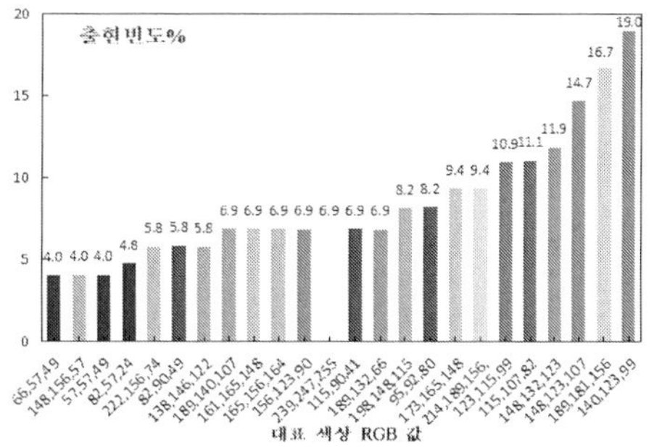

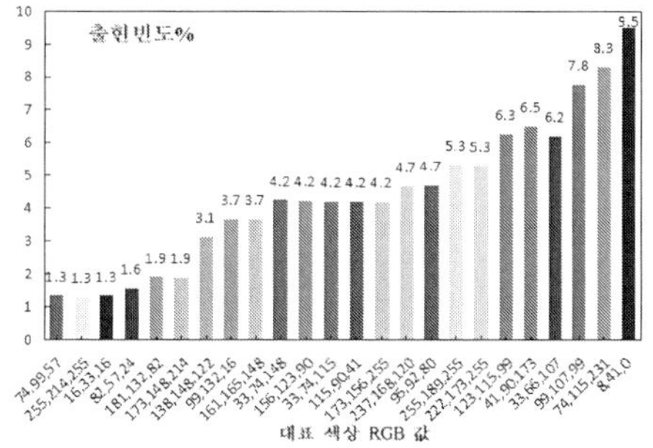

Ⅳ. 하란산 암각화 관광문화상품 개발 사례 활용

2) 오스트발트(W. Ostwald)의 색상체계

프랑스의 화학자 슈브뢰이(Michel Eugène Chevreul, 1786~1889)의 말에 따르면 대조관계가 존재하지 않는 색채는 시각적으로 서로 융합되며 대조가 강한 색채를 큰 면적에서 사용할 시 상호작용 아래 시각적으로 더욱 분명해진다. 다만 색조는 어떠한 변화도 생기지 않는다.[79] 색채조화의 조직과 처리는 다양한 색채 미감의 규칙과 원칙 외에도 넓은 자유공간이 있어 끊임없이 변화하는 상태, 인간의 서로 다른 단계에서의 심미, 변화 속 끊임없이 새로운 시각정보를 받아들이며 오래된 것은 배제한다. 색채조화 관계에서 몇 가지 조화 원칙들을 따를 필요가 있다. 바로 균

---

79) Paul Chilansky, Mary. Patisher, 「色彩概論」[M], 文沛 譯, 上海人民美術出版社, 2004, p.142

형원칙, 통일성원칙, 상응원칙, 우선순위원칙, 리듬원칙, 강도원칙, 시대적 원칙이 있다.80)

색채학자들은 3D 공간모형을 사용해 색조, 명암, 순도의 종합표색법을 만들었다. 이러한 입체적 표색 시스템은 색채에 대한 분석능력을 크게 향상시켰다. 각종 색표계의 등장은 예술가, 디자이너, 인쇄업자에게 편리함과 정확한 색채 근거자료를 제공했다. 이 연구를 진행하면서 오스트발트의 색입체이론을 주요근거로 하란산 바위사진 문화상품의 색채배합을 진행했다.

오스트발트(W. Ostwald, 1853~1932), 독일물리화학자로 1909년 노벨화학상 수상자이다. 그는 말하길 모든 색상은 순수한 색(c), 적당한 양의 하얀색(w), 그리고 검정색(b) 혼합하여 형성된다. 세 가지의 관계를 이렇게 나타낼 수 있다. 하얀색의 양 W+ 검정색의 양 B+ 순수한 색의 양 C=100.

오스트발트는 색상체계의 기본 색상이 노랑색, 주황색, 빨강색, 보라색, 파랑색, 푸른색, 초록색, 황록색이 주요 8가지 색상이며 각각의 색상은 또다시 세 부분으로 나뉘어 총 24가지 색상환을 구성하여 1부터 24번까지 배열된다. 오스트발트 색입체도 <그림 4-9>의 중심축은 무채색으로 구성되어있고 명도는 흰색부터 검정까지 8단계로 구분된다. a, c, e, g, i, l, n, p의 부호를 사용해 표시한다. a는 가장 밝은 색인 하얀색이며, p는 가장 어두운 검정색이다. 그 사이에는 6단계의 회색이 있다.81) 오스트발트의 흰색과 검정색의 양 구성방식은 아래 도표를 참조하면 된다.

<그림 4-8> 스트발트(W.Ostwald)d의 색상체계

---

80) 邢慶華,「色彩」[M], 南京,東南大學出版社, 2005, p.89-93
81) W. Ostwald,「自然哲學槪論」, 1902, 李醒民 譯, 華夏出版社, 2000, p.138-147

Ⅳ. 하란산 암각화 관광문화상품 개발 사례 활용

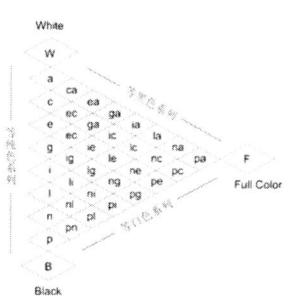

<그림 4-9> 트발트의 색상삼각형

명도단계를 수직축으로 삼고, 그것을 중심으로 변두리로 넓어져 가는 정삼각형을 만든다. 각정점에 각각 순색의 색표를 한다. 이 삼각형은 등색삼각형이다.<그림 4-9> 오스트발트 색상체계는 총 24개의 등색상삼각형이 포함된다. 오스트발트 색 입체도는 이 삼각형이 회전해서 생성된 복원원추이다. 각각의 삼각형은 총 28개의 마름모로 나뉘며 각 마름모에 부호를 붙여 각 색표의 흰색과 검정색의 함량을 표시한다. 예를 들어 nc, n은 흰색의 함량이 5.6%, c는 검정색 함량이 44%이므로 그것들 중에 포함된 순색의 양을 구하면 이러하다. 100-(5.6+44)=50.4, 즉 순색함량은 50.4%이다.<표 4-8>

<표 4-8> 오스트발트 색위체 중 각 명도의 흑백함량

부호	a	c	e	g	i	l	n	p
흰색량	89	56	35	22	14	8.9	5.6	3.5
흑색량	11	44	65	78	86	91.1	94.4	96.5

오스트발트 색체계는 색채자각 원리를 기초로 정량범위 형태를 형성하여 색채배합의 실천중 사용하기 편리함.

3) 색채요소 추출과정

24 색상환에서 12칸만큼 떨어져 있거나 180° 거리에 위치한 두 색상은 모두 보색 관계로 대비가 가장 강한 색상 조합이다. 파랑과 주황 같은 보색은 시각적으로 강렬한 자극을 주고 불안정감을 느끼게 한다. 색상환에서 120°~180° 사이에 위치한 색상은 대비색이다. 초록과 분홍의 조합처럼 180°에서 120°로 갈수록 대비 강도

하란산(賀蘭山) 관광문화상품 디자인

는 약해지지만 여전히 선명한 시각적 효과를 줄 수 있다. 색상환에서 60° 이내에 위치한 색상은 유사색이다. 보라와 파랑처럼 유사색은 부드러우면서 질서정연한 시각적 효과가 있다. 30° 이내에 위치한 두 색상은 동일조화를 이룬다. 이들 색상은 주홍과 주황처럼 색상감이 단순하고 단조로우며 조화를 이룬다. 색을 조정할 때는 보색을 기반으로 한다. 예를 들어 감청색과 주홍색의 주황색 순도와 파란색 순도를 낮추면 감청색은 블루 그레이 색상으로, 주홍색은 주갈색으로 바뀐다.<표 4-9>

<표 4-9> 색채요소 추출과정

유형	컬러 스펙트럼 예시	시각적 느낌	예시 그림	
보색 배합		시각적으로 강렬한 자극을 주고 불안정감을 느끼게 한다.		조화 ↑
대비색 배합		대비 강도가 약해지더라도 여전히 선명한 시각적 효과를 가져 온다.		
유사색 배합		시각적으로 부드럽고 질서정연한 효과를 준다.		↓ 유행
동일색 배합		색상감이 단순하고 단조로우며 조화롭다.		

Ⅳ. 하란산 암각화 관광문화상품 개발 사례 활용

상기 Figure의 추출 결과에 따르면, 기존의 하란산 암각화 흑백 도안에 24 색상환 조합 규칙을 적용하여 보색, 대비색, 유사색, 동일색, 조화색 샘플을 만들 수 있고 이를 활용하여 색채를 조화롭게 배합할 수 있다. 최신 트렌드를 파악하여 서로 다른 색채 조합을 선택하면 관광객에게 완전히 새로운 시각적 느낌과 구매 경험을 제공할 수 있다. 연구 결과에 따르면 색채를 활용할 경우 4% 더 많은 소비자에게 상품 정보를 전달할 수 있으며 정보 이해도를 75%까지 향상시킬 수 있다. 상품 디자인에서 색채는 중요한 디테일을 강조함으로써 상품 정보를 더욱 빠르고 효과적으로 전달하는 역할을 한다.

4.2.3 재질 요소

상품의 조형을 정한 후에는 합리적으로 재료를 정할 수 있는지의 여부가 재료의 질감미를 충분히 발휘하는데 이것은 단순히 현대공업생산의 공예수준의 높고 낮음을 표현하는 것이 아닌 현대적 심미 관념의 반응으로서 과도하게 많은 시간을 들여 상품을 조각하고 장식을 달아 허황되고 불필요한 장식들을 만들어내는 것이 아니라 재질의 특성과 상품의 기능을 살려 적당히 통일된 아름다움과 단순미를 표현해내는 것이다. 요하네스 이튼(Johannes Itten, 1888-1967)은 「조형과 형식구성」에서 이렇게 강조한다. "다양한 촉감을 가진 재료를 사용하는 것은 어느 정도의 예술적 효과를 낸다. 이런 연구는 미래에 건축업자, 엔지니어, 사진작가, 상업예술가, 공업디자이너들에게 있어서 큰 가치가 있으며 그들의 조형기술 능력의 중요한 기초를 이룬다." 그는 또한 말한다. "……모래재료와 직물재질 그리고 생산기술 발전의 가능성은 그들에게 있어서(디자이너를 가리킴) 재료와 재질의 광범위한 실험기회를 제공한다."[82] 이튼의 이러한 말은 기초조형의 입장에서 한 말로, 현대 디자인의 필요와 개발의 가능성, 그리고 예술인재들의 사고방식을 발전시키는 것에 기초해있다. 이러한 다방면의 소재를 결합시키는 창조적 관념을 통해 학생의 기초능력을 발전시키고 기하학 패턴에 대해서는 풍부한 소재에서 창조적 영감을 얻을 수 있다는 의의가 있다.

재료와 질감은 재질을 구성하는 두 가지 핵심 요소로 상품의 외관에 영향을 미친다. 재질은 디자인의 기초로서 재료가 제대로 뒷받침되지 않는 디자인은 컨셉 단계

---

82) Johannes Itten, 「造型與形式構成」, 曾雪梅, 周至禹 譯, 天津人民出版社, 1991, p.12

하란산(賀蘭山) 관광문화상품 디자인

에만 머무를 수밖에 없다. 상품 디자인에 자주 사용되는 재질로는 목재, 가죽, 금속, 플라스틱, 천, 종이, 유리, 도자기 등이 있다.83) 적합한 재질을 선택하면 콘텐츠 상품의 아이디어를 현실화할 수 있으며, 다양한 재질의 독특한 속성을 활용하여 상품에 포인트를 줄 수도 있다. 이로써 상품은 실용적 도구의 기능을 넘어서 평범한 상품과 차별화되는 매력과 특징을 갖게 된다. 적합한 재질을 찾지 못한다면 멋진 아이디어를 현실화할 수 없을 뿐만 아니라 가공 과정의 난이도 역시 높아지게 된다.

1) 상용 제품 소재 유형

다양한 재료는 다양한 소비자의 기호와 계층의 필요를 만족시킨다. 같은 디자인 구성과 상품기능이라 할지라도 소재 선택의 차이로 공예가 달라지고, 결국엔 상품의 조형 형태와 색채질감의 차이를 가져옴으로 소비자의 사용방식과 정신기능에 변화를 가져온다. 각각의 재료는 서로 다른 감정적 특색이 있다. 예를들면 목재무늬는 자연의 감정을 불러일으키고, 유리는 영롱하고 투명한 느낌을 주며, 황금은 고귀한 느낌을 가져온다. 이 점을 적당히 하란산 암각화 문화상품에 적용한다면 이 이념을 더욱 잘 표현할 수 있고, 참신함과 정신적 즐거움을 가져다 줄 수 있다. 과학과 기술이 발전함에 따라 새로운 재료와 공예가 끊임없이 생산되면서 각 재료가 충분히 재질미를 발휘할 수 있는 가능성을 제공하며 보통 재료들의 고급사용을 광활한 경지로 개편한다. 보통 재료들이 각종 공업처리를 거치면서 고급재료로 변하고 이로써 고급재료의 사용을 크게 절약하며 제품의 원가를 낮출 수 있다. 예로 비목재의 목재화(펄프를 눌러서 만든 섬유판으로 목판을 대체), 비금속물을 금속화(플라스틱 제품의 표면을 도명함으로 금속 질감화), 비가죽 재료를 가죽화(펄프나 플라스틱을 가죽질감이나 비슷한 무늬의 재료로 만듬) 등이 있다.<표 4-10>

<표 4-10> 상용 제품 소재 유형

분류방법	재료유형	대표 유형
재료의 물질구성에 따른 분류	금속재료	검정금속(주철, 탄소강, 합금강 등), 유색금속(강철,알루미늄합금 등)
	무기재료	석재, 도기, 유리, 석고 등
	유기재료	목재, 가죽, 천, 플라스틱, 고무 등
	복합재료	경질유리, 탄소섬유복합체
재료의 형태에	선장재료	주로 쓰이는 것은 강철파이프, 철사, 알루미늄 튜브,

---

83) Chen Gen, 「제품 설계재료와 공예의 그림 해석」, 채색판, 화학공업출판사, 2021, p.102

Ⅳ. 하란산 암각화 관광문화상품 개발 사례 활용

따른 분류		금속봉, 플라스틱 관, 플라스틱 봉, 나무 막대기, 대오리, 등나무줄기 등
	판상재료	주로 쓰이는 것은 금속판, 목판, 플라스틱판, 합성보드, 금속강철판, 피혁, 천, 유리판, 판지 등
	괴상재료	주로 쓰이는 것은 목재, 석재, 폼 플라스틱, 콘크리트, 철강, 주철, 알루미늄 주물, 인주, 석고 등

 질감이란 물질표면의 자질 즉 울퉁불퉁한지 매끄러운지, 거친지 섬세한지, 단단한지 말랑한지 뒤얽혀있는지 질서 정연한지, 가라앉는지 뜨는지, 금속인지 비금속인지 등을 가리킨다. 이외에도 다양한 재료의 재질적 특성을 드러낸다. 재료질감의 표현은 흔히 도안, 색채 등에 상호의존하고 있다. 일례로 심리적으로는 우울하고 음침한 검정색은 각 면을 가죽무늬로 처리할 때 사람에게 정중하고 친근한 느낌을 갖게 한다. 검은 벨벳 천은 질감의 두껍고 강한 반사광선으로 인해 우아하고 정중한 느낌을 준다. 대면적의 고순도색채는 강한 자극을 쉽게 유발하지만 무늬를 모직천 질감으로 처리하면 신선하고 고귀한 느낌을 준다. 따라서 재료의 질감은 특수한 예술 표현력을 드러낼 수 있기에 상품의 표면질감을 처리할 때 신중하고 대담해야 한다.

 풍부한 자연계의 소재 중에서 기하학 패턴의 새로운 창조계기를 찾기 위해서 디자이너들은 자주 물질의 단면과 표면의 살결의 미감에 초점을 맞춰야 한다. 예를 들어 나무가 잘린 후에 동그란 나이테, 붓질한 시멘트 표면, 수면에 떠있는 페인트, 자갈의 무늬, 청와의 단면, 섬유판의 무늬 등을 관찰하면 기하학 패턴의 새로운 표현관념수립에 도움이 된다. 당연히 자연계에서 온 이러한 물질단면의 표면살결의 추상적 예술감은 이미 온전한 형식을 지녔다고 할 수는 없다. 그러나 이러한 것들은 우리가 새로운 각도에서 풍부하고 온전한 당대의 기하학 무늬의 새로운 내용과 개성 있는 표현력을 유발한다.<그림 4-10>

<그림 4-10> 자연계의 표면질감

2) 상용재료의 분석과 비교
 각기 다른 재질에 대한 관광객들의 직관적인 느낌을 분석함으로써 상품에 더욱 적합한 재료를 선택하기 위해 자주 사용하는 7가지 재질에 대해 무작위로 소비자

하란산(賀蘭山) 관광문화상품 디자인

설문조사를 하였다. 조사에서는 관광객에게 재질에 대한 직관적인 느낌을 단어로 표현하게 하였으며, 조사 데이터를 취합하여 소비자가 각기 다른 재질에 대해 갖는 심리적 느낌을 알아내었다. 조사에 참여한 관광객의 개성과 문화 차이에 따라 재료에 대한 인식이 달라질 수 있으나 공통된 감정이 대부분을 차지하였다. 설문조사 데이터와 단어 빈도 분석을 통해 각기 다른 재질에 대한 관광객들의 단어 사용 빈도를 높음에서 낮음 순으로 취합하였다.<표 4-11>

<표 4-11> 상용재료의 분석과 비교

재료	참고그림	질감에 대한 직접적 느낌	용도
목재		따뜻한, 소박한, 친환경적인, 중후한, 견고한, 편안한, 깨끗한	공예품, 책갈피, 걸이장식, 가구 등
가죽		고급스러운, 부드러운, 매끄러운, 겸손한, 멋스러운, 품질 좋은, 예스러운	가방, 핸드폰커버 등
금속		단단한, 차가운, 미끄러운, 과학적인, 힘 있는, 거침없는, 미래지향적인, 고품질의	장식품
플라스틱		저렴한, 서민적인, 환경을 오염시키는, 가변성, 가볍고 편리한, 친근한	물컵, 식기도구, 포장봉지, 수납박스 등
천		부드러운, 소박한, 자연스러운, 친근한, 따뜻한, 인간적인, 우아한	창의의복, 우산, 장난감 인형 등
종이		가벼운, 약한, 부드러운, 수수한, 간결한, 겸손한, 전통적인	문구상품, 사무실용품 등
유리		깨끗한, 쉽게 깨지는, 투명한, 편안한, 매끄러운, 차가운, 우아한, 간결한	가구장식 등
도기		소박한, 예스러운, 중후한, 온화한, 고전적인, 둔탁한	가구용품, 식기도구, 공예품 등

재료의 특성에는 두 가지가 포함된다. 하나는 재료가 갖고 있는 고유한 특성 즉 재료의 물질적 특성과 화학적 특성이다. 예를 들어 역학 성능, 열 성능, 전자 성능

Ⅳ. 하란산 암각화 관광문화상품 개발 사례 활용

광학 성능 그리고 방부 성능 등이다. 두 번째로 재료의 파생특성이다. 이것은 재료의 고유한 특징에서 파생되어 나온 능력이다. 즉 재료의 가공특성, 감각특성, 경제특성이 있다. 디자인은 매우 복잡한 행위이며 재료의 선택은 가장 기본이 된다. 디자이너는 재료를 선택할 때 재료의 고유한 특성을 고려하는 것 외에도 재료와 사람, 환경간의 관계를 반드시 고려해야 한다.

3) 재질요소추출과정

다양한 재질에 대한 관광객의 직관적 느낌을 분석하면 상품에 더욱 적합한 재료를 선택할 수 있다. 따라서 본 연구에서는 자주 사용하는 7가지 재질에 대한 소비자 설문조사를 실시하였다. 조사 과정에서 관광객은 재질에 대한 직관적 느낌을 단어로 표현하였으며, 조사 데이터를 취합하여 각 재질에 대한 소비자의 심리적 느낌을 분석하였다. 재질에 대한 직관적 느낌과 가공 특성을 검증하기 위해서는 각 재질의 물리적 특성과 가공 특성에 대한 조사가 필요하다.

<표 4-12> 재질요소추출과정

재료 특성 연구							
목재	가죽	금속	플라스틱	천	종이	유리	도자기

검증 실험

물리적 특성 환경 내후성 가공 성형 표면 공법 감각적 특성

특성 키워드

가소성 인성 무늬 광택도 유연성	가소성 경량성 온도감	용접성 내열성 내연성 광택도 반사성	가소성 탄성 투명성	유연성 무늬 탄성 가소성	경도 가연성 결합성	투광성 탄성 가소성 편리성	내열성 방수성 내마모성 항산화

생활용품, 문구류, 액세서리, 의류, 소품, 문화재복제품, 여행용품, 인형

하란산(賀蘭山) 관광문화상품 디자인

상기 분석을 통해 우수한 재질은 상품의 생동감과 가치를 결정하고 향상시킬 수 있으며, 상품의 미적 효과를 구현한다는 점을 확인하였다. 재료의 특성도 후기 가공 공법에 영향을 미친다. 예를 들어 액세서리류는 가죽, 금속, 플라스틱 등 재질을 활용하는 것이 적합하다. 인테리어 소품류는 유리, 도자기, 금속 등 재질을 사용하는 것이 적합하다. 이처럼 적합한 재질을 사용하면 상품의 디자인 이념을 더욱 잘 표현할 수 있으며 상품의 강점을 최대한 드러낼 수 있다. 상품 디자인에서 좋은 촉감과 질감은 상품의 활용성을 높일 수 있다. 예를 들어 상품 표면의 울퉁불퉁한 무늬 또는 표면의 고무 재료는 선명한 촉각 자극을 준다.84) 이러한 재료를 활용하면 상품 조작이 쉬워지고 활용성을 강화할 수 있다. 문화관광상품 디자인에서 상품의 재질을 적절하게 선택하면 관광객의 사용감을 향상시킬 수 있다.

그러므로 하란산문화상품 디자인재료의 선택에서 아래의 원칙들을 준행해야 한다.

재료의 외관: 재료의 감각적 특성을 고려한다. 상품의 조형특징, 민족적 분위기, 시대적 특징과 지역별 특징을 근거로 다양한 질감과 느낌의 재료를 선택한다.

재료의 고유한 특성: 재료의 고유한 특성은 상품의 기능, 사용환경, 공예조건 그리고 환경 지속성의 필요를 만족시켜야 한다.

4.2.4 조형 요소

상품 조형은 문화상품 디자인에서의 마지막 결과로 즉 사용자가 상품을 사용하는 과정에 있어서 가장 필수적인 요소이다. 이 최후 기능은 생산방법과 무관하게 디자이너와 소비자 간의 소통하는 다리가 된다. 디자이너는 다양한 창작법을 적용한 상품 조형을 통해 창조 이념을 표현하며 상품에 대한 소비자의 첫인상은 상품의 이미지로 결정된다. 조형방법학에서의 상품 조형은 주로 어느 정도의 단계를 거쳐 조금씩 생성된다. "조형"이라는 단어를 영어에서는 적합한 원어를 찾기 힘들지만 독일어의 명사형 단어 gestaltung, 동사형 단어 gestallen의 원어 gestah를 살펴보면 사물의 조직구조 혹은 총체를 의미함을 알 수 있다.85) 조형과 형태는 의미가 다른데 형태는 조형의 요소 중 하나이며, 형태는 기하 형태와 유기 형태를 포함하기에 반드

---

84) 중레, 이양 (鐘蕾, 李楊),「문화 콘텐츠 및 관광상품 디자인」, 중국건설공업출판사, 2015, p.99
85) 王敏,「產品造型設計的「ATE」三維評價研究」, 博士學位論文, 武漢理工大學, 2013, p.12, 120-126

시 색채, 질감, 동작, 공간 등 기타 요소들이 첨가되어야 비로소 조형을 구성할 수 있다. 여기서 언급한 '질감'은 감각기관을 사용해 재질과 접할 때 발생하는 것으로 재질은 원소의 의의를 비교적 대표할 수 있기에 재질 속성으로 질감 속성을 대체할 수 있다. 어느 정도의 의미에서 봤을 때 조형은 형태, 색채, 재질, 동작, 공간 이 5가지 요소가 포함되는데 이 중 형태, 색채, 재질은 물질성 요소로 공간, 동작은 비물질성 요소로 분류된다. 상품의 색채와 재질에 대해서는 이미 분리하여 논술했으므로 본 장에서는 조형의 형태, 동작, 공간 요소에 대해 연구를 진행하도록 하겠다.

상품 조형은 주로 상품 자체를 표현 대상으로 삼는데, 상품의 속성을 만족시키는 조건하에 예술적 표현 수단을 사용하여 실용적, 미관적, 경제적 상품을 창조한다. 이러한 상품은 물질적 기능 실현을 보장해야 할 뿐 아니라 상품과 사람 간의 모든 부면에 관심을 가져야 하는데 인간적 요소, 상품이 인간의 생리적, 심리적 필요의 적용과 만족을 충분히 고려해야 한다.[86] 그러므로 현대 디자이너의 관점에서 봤을 때, 상품 조형은 반드시 실용적 요구인 물질적 기능과 심미적 요구인 정신적 기능 이 두 가지의 필요를 만족시켜야 하며 궁극적으로는 상품의 시장경쟁력과 사용 효율로 판단되어야 한다. 조형 디자이너의 시초적 의의가 '문제의 해결책을 구하는 방향으로 사고하고 발명한다'라는 점을 생각할 때 이것은 인류의 필요를 해결하는 창의적인 책략적 과정이라고 할 수 있겠다.

1) 상품 조형 디자인의 세 가지 기본 요소와 상호 관계

문화상품은 객관적 존재로서 물질 기능, 상품조형예술, 물질 기술조건 이 세 가지 기본 요소가 포함된다. 물질 기능이란 상품의 용도 및 사용 가치로 상품이 생존하기 위한 근본적인 부분이다. 물질 기능은 상품의 구성과 조형에 주도적인 영향을 미친다. 물질 기술조건은 문화상품이 실현되기 위한 기초로 재료 및 제조기술 방법이 포함되는데 과학기술의 발전과 공예 수준의 끊임없는 발전으로 향상되고 완성된다. 문화상품의 조형예술은 상품의 물질 기술조건을 이용하여 상품의 물질 기능 위에 특정한 예술표현을 진행한다. 문화상품 조형의 예술성은 문화상품 생산기업의 시장경쟁력을 증가시키기 위하여 상품의 브랜드 이미지를 향상하고 상품이 주는 시각적 즐거움을 만족시키며 상품의 정신 기능 또한 상품의 예술적 조형으로 실현된다.

---
86) 周承君, 何章强, 袁詩群, 「文創産品設計」, 化學工業出版社, 2019, p.88

하란산(賀蘭山) 관광문화상품 디자인

　상품의 이러한 세 가지 요소는 동시에 하나의 상품에 존재하면서 상호 의존하고 상호 제약하며 상호 침투한다. 물질 기능은 기술조건 확보에 의존해야 하고, 기술조건은 물질 기능의 확정된 방향을 토대로 했을 때 비로소 기능을 발휘할 수 있으며, 동시에 그 자체의 합리성과 상품경제성의 제약을 받는다. 상품 기능과 기술조건은 대부분 구체적인 상품에서 온전히 하나로 융합되는데 조형예술은 설령 소량 존재하든지, 장식이 주요 목적이든지 간에 실질적으로는 주로 물질 기능의 제약을 받는다. 왜냐하면 물질 기능은 상품의 기본 구조를 직접적으로 결정하고, 상품의 기본 구조는 조형적 예술성을 발휘하는 가능성을 제공하며, 동시에 조형 변화에 필연적인 제약을 가하기 때문이다. 기술조건에 관해서는 상품 조형 형식미와 더욱 관련이 있으며, 재료 본연의 질감, 가공 공예 수준 정도 또한 직접적으로 조형의 형식미에 영향을 준다. 따라서 비록 조형예술이 물질 기능과 기술조건의 제약을 받더라도, 디자이너는 여전히 동일한 기능과 기술 수준의 조건 하에 다양한 조직 방식 혹은 조형 수단을 사용해 상품의 다양한 외관 스타일을 창조한다. 만약 기능 구성과 조형 간에 마찰이 생기면, 구성이 기능에 영향을 주지 않는다는 조건 하에 합리적인 조정을 한다. 따라서, 기능과 형식미는 반드시 긴밀하게 함께 결합해야 한다. 어떠한 문화상품이라도 시대적 과학기술 성과를 나타내면서도 강렬한 시대적 미적감각 또한 표현해야 한다. 과학적 물질 기능으로 예술적 아름다움의 외관을 엮고, 현대적 예술 이미지로 과학적 아름다움의 개성을 응집한다. 이것이 상품 조형활동의 궁극적인 목적이다.

2) 상품 조형 디자인의 원칙

　실용, 경제, 미관은 문화상품 조형 디자인의 기본 원칙이다.

(1) 실용성 원칙

　실용은 상품이 반드시 갖춰야 할 기능이다. 앞서가고 완전한 각종 기능을 갖춰야 하며, 상품의 물질 기능이 최대한으로 발휘할 것을 보증할 수 있어야 한다. 일반적으로 서로 다른 기능을 지닌 상품들의 구조 조형 디자인은 서로 같을 수 없다. 상품 용도는 상품의 물질 기능을 결정하고 상품의 물질 기능은 상품의 형태를 결정한다. 그러므로 상품 형태 디자인은 반드시 상품의 물질 기능을 따라야 한다. 상품 기능 디자인은 기능의 과학성과 진보성, 조작의 합리성과 사용의 신뢰성을 구현해야 한다.

Ⅳ. 하란산 암각화 관광문화상품 개발 사례 활용

(2) 경제성 원칙

경제성 원칙이란 상품 조형 생산원가를 최소화하고, 가격이 저렴하고, 대량생산에 유리하고, 재료의 소비를 줄이며, 자원을 절약하고 효율을 높이며, 상품의 포장, 운송, 저장, 판매 및 수리 등 방면에서 유리해야 한다. 상품의 대량생산이 확정된 상황에서 상품 외관의 생산 공예 선택 및 재료 선택이 원가에 미치는 지대한 영향으로 인해 경제성은 영향을 받는다. 일반적으로 말해 소량 생산의 상품외관조형은 금속판재나 평면조형 사용이 적합하며, 반대로 대형 생산 상품은 모형을 사용해 가공하기 때문에 외관을 곡면 조형으로 디자인할 수 있으며 사용되는 재료도 비교적 광범위하다. 경제와 실용은 유기적으로 함께 연관되어 있다. 제2장 소비자 조사 결과를 근거로 했을 때 문화상품 다수의 소비자는 젊은 층으로 소비자의 수입이 중하위로 편중되어 있어, 만약 상품이 실용적이지만 경제성이 없다면 시장경쟁력이 없을 것이다. 물론 경쟁력만 있고 실용성이 없어도 동일하게 상품의 물질 기능을 활용할 수 없을 것이며 상품의 전체적인 기능 또한 충분히 발휘할 수 없을 것이다.

(3) 미관성 원칙

오래전부터 각국의 나라에서 미에 대한 학파는 무수히 많았으며 현재에 이르기까지 여전히 정설이 없고 끊임없이 토론되는 문제이다. 아름다움은 인류가 물질적 문명을 창조하는 과정 중의 산물로서, 인간이 이론에서 시작하여 총괄하고 정련함으로 특정한 심미적 표준을 형성하였고, 이것은 반대로 실천과 물질적 문명을 창조하는데 지도적인 역할을 한다. 상품 조형 디자인의 미관성 원칙이란 상품의 조형미를 가리키는데 즉 상품 조형의 정신 기능이 존재하는 곳으로 미관은 경제실용성을 보충해 준다. 오로지 경제실용성만 존재하고 외관의 미적 기능이 없다면 완벽한 조형이라고 할 수 없을 것이다. 상품 조형의 아름다움은 종합적이고 유동적이며 상대적인 개념이라 상품 조형미는 통일되고 절대적인 표준이 없다.

3) 상품 조형 방법

상품의 조형과 관련해서 독일의 위르겐 예딕은 다음의 여덟 가지 규범을 언급했다. ①합리성: 조형은 디자인의 목적과 요구에 부합해야 한다. ②적당성: 지나치게 많고 적음을 분별하는 감각이 있어야 한다. ③통일성: 다양한 구성이 전체적으로 통일되어야 한다. ④완전성: 조형의 서로 다른 부분적 요소들의 조합이 어설프지 않아야 한다. ⑤일치성: 조형의 공간 형식과 구성이 실용 기능과 일치해야 한다. ⑥운율

하란산(賀蘭山) 관광문화상품 디자인

감: 각 부분의 조직 관계 및 비율 관계에서 질서 있는 운율감이 존재해야 한다. ⑦ 각인성: 조형하는 과정에서 본연의 이미지를 강렬하게 표현해야 한다. ⑧개성: 조형은 타인과 다른 사물의 독특성과 차이가 존재해야 한다.87) 조형디자인 과정에서 조형체의 각 부분을 구성하는 데 있어서 최대한 형태, 색상, 질감 등 방면에서 공통성을 드러내고, 차이점을 약하게 하며, 조형체 각 부분 간의 미적 감각요소들의 내적 관련성을 강화함으로 통일성 있고 완성되며 조화로운 효과를 얻는다.

구체적인 조형방법은 이하의 세 종류가 있다.<표 4-13>

방법1: 중첩

중첩이란 상품 시뮬레이션의 가장 보편화된 방법 중 하나로, 수많은 상품들의 복잡한 형태는 기본적인 형태들을 중첩하여 만들어진다. 중첩된 기본 형태의 형상, 크기, 비율 그리고 중첩의 위치, 중첩된 방식의 차이로 천차만별의 상품 형태가 만들어진다. 예를 들어 주상과 주상을 중첩할 때 이러한 동일한 형태가 사람에게 주는 감각은 대략적으로 동일한데 원은 부드러움을 직사각형은 단단한 느낌을 준다. 하지만 서로 다른 속성의 형태가 결합할 때는 특히 형체 간의 크기 비율 관계를 주의해야 하며, 디자이너가 상품의 어느 한 부면의 속성을 강하게 할지에 따라 그 부분의 형체 표현을 두드러지게 할 수 있다.

방법2: 단순화

단순화는 중첩과 대조되는 조형방식이다. 중첩은 대형 부품의 상품설계에 적합하며, 단순화는 부품이 적은 소형 상품 설계에 비교적 적합하다. 하지만 모든 일에 절대적인 것은 없으므로 디자이너의 융통성 있는 활용에 달려있다고 할 수 있다. 단순화는 기본적인 형태에서 출발하여 형태를 끊임없이 커팅하고 상쇄함으로 이루어진다. 질서 있는 것, 무질서한 것, 두꺼운 것, 얇은 것을 단순화하여 새로운 조형 형태로 변화시킨다.

방법3: 중첩과 단순화의 종합 사용

문화상품 디자인에서 중첩과 단순화의 종합적 방법을 사용할 수 있는데 하나의 형체를 먼저 중첩한 후에 단순화한다. 중첩 후 단순화하는 방법이 있다면 당연히

---

87) 張憲榮, 陳麥, 季華妹, 「現代設計詞典」, 北京: 北京理工大學出版社, 1998, p.255-259

Ⅳ. 하란산 암각화 관광문화상품 개발 사례 활용

하나의 형태에서 먼저 일부분을 절감하고 부분 조형을 추가하는 방법도 있는데 첨가된 조형으로 하여금 필요한 형태와 기능을 만족시킬 수 있다.

<표 4-13> 조형방법

방법	형식	이념	조형그림
방법1 중첩법	주상+주상	모두 기둥 모양으로 상품 전체 감각이 원숙하고 매끄럽다. 이 상품은 3개의 원기둥을 결합하여 만들었다.	
	주상+주상	다양한 각도와 크기를 지닌 기둥들의 조합	
방법1 중첩법	직사각형 + 직사각형	다른 크기의 직사각형 조합	
	형체의 중첩 중에 만약 한 형체가 충분히 작다면 세부적인 존재가 되며 전체 상품은 여전히 큰 형태의 특징을 유지한다.	세 가지 직사각형의 중첩 구성	
		큰 직사각형+작은 직사각형	

하란산(賀蘭山) 관광문화상품 디자인

방법1 중첩법	원추형 + 원추형	큰 원추와 도치된 원추의 결합	
	구체+구체	이 중 하나의 구체하단을 절단하여 안정적으로 배치	
	서로 다른 형태간의 중첩	궤도형과 원기둥의 중첩	
		궤도형 + 기둥형의 결합	
	서로 다른 형태간의 중첩	원기둥과 직사각형의 중첩	
		상품 사용의 목적에 따른 개조	
	원기둥+원추	원기둥의 안정성에 원추의 방향감을 더함	

Ⅳ. 하란산 암각화 관광문화상품 개발 사례 활용

방법2 단순화법	작은 면적의 단순화	원래의 직사각형을 부드럽게 조형한 후 단순화를 진행	
	근소한 절감	형태 전환 과정으로 새로운 디자인을 완성	
	아치형 절감	원래의 모형 위에 아치형으로 절감	
	다면 절감	정상적인 형태를 여러 번의 절감 후 풍부한 조형으로 변화	
방법3 중첩과 단순화의 종합적 사용	중첩 + 단순화	중첩한 기초 위에 다시 절감함	
	중첩 + 단순화	단순한 직사각형에 원기둥을 중첩 후 모서리를 다듬음	

하란산(賀蘭山) 관광문화상품 디자인

상품 조형방법 적용 시 다음의 포인트에 특히 주의해야 한다.

첫 번째, 형식언어의 통일, 더하거나 절감한 조형은 원래의 기본 조형 형식 언어와 통일되어야 한다. 예를 들어 만약 원래의 조형이 부드러운 편이라면 중첩과 절감한 조형언어도 온화함이 요구된다.

두 번째, 조형의 융합, 결합 부분과 절감 부분은 어느 정도의 세부 처리를 함으로 조형의 어색함을 없애야 한다.

4) 조형 요소 추출 과정

조형은 상품의 각 요소를 결합한 전체적인 형상을 의미한다. 여기에는 상품 구상, 생산, 제조, 사용 과정에서 시각적인 방식으로 표현되는 볼 수 있고 만질 수 있는 감각적인 형상이 모두 포함되어 조형의 미감을 전달할 수 있다.[88] 훌륭한 문화 콘텐츠 상품은 문화적 의미를 내포하는 동시에 조화의 미를 보여주는 상품 형태도 갖추어야 한다. 기존 문화관광상품의 조형을 유형화하면 크게 기하학형, 모방형, 포장형, 자유형의 네 가지로 나눌 수 있다. 원시적인 형태에 변화와 수정을 가한 것을 기하학형이라 하고, 생물의 구조와 형태를 모방한 것을 모방형이라 한다. 세 면을 감싸고 한 면이 열려있는 형태로서 일체감을 주면서 조작 부분을 밖으로 드러나게 만든 형태를 포장형이라 한다. 신기하고 재미있는 디자인으로 사람과 사물의 교류를 꾀하는 형태를 자유형이라 한다.

---

[88] Liu Gang tian, 「제품의 조형설계방법」, 전자공업출판사, 2010, p.15

Ⅳ. 하란산 암각화 관광문화상품 개발 사례 활용

<표 4-14> 조형 요소 추출 과정

문화 관광상품의 조형적 특징					
혁신성	다양성	유행성	경제성	실용성	미관성
디자인 혁신	다양한 수단	트렌드에 부합	상업적 가치	실질적 기능	심미성 충족

　전문가 평가팀의 정량 분석 결과에 따르면, 문화상품의 조형은 다양한 디자인 방법을 활용해 혁신성, 다양성, 유행성, 미관성, 경제성, 실용성의 특징을 구현하는 것이다. 관광객은 상품을 구매할 때 기본수요 충족부터 실용성과 미감을 모두 고려하게 된다. 실용적인 소비는 분명한 이성적 특징을 가지며, 미감을 추구하는 소비는 풍부한 정서적 경험을 중시한다. 실용적인 수요는 기초적 단계의 이성적 수요이며, 명확한 '수단-목적 체인(means-end chain)'을 갖는다. 미감에 대한 수요는 고차원적인 감성적 수요로서 표준화된 패러다임이 존재하지 않는다.[89] 따라서 실용적인 소비자는 상품의 속성을 평가할 때 구체적인 디테일에 주목하는 정보 가공 방식을 택할 것이다. 하지만 미감을 추구하는 소비자는 추상적이고 전체적인 정보 가공 방

---
[89] 고성, 「향락과 실용성 속 소비자의 제품차별화 선호」, 수도경제무역대학 학보, 2020, p.58-62

하란산(賀蘭山) 관광문화상품 디자인

식을 택할 것이다. 이는 상품 속성에 대한 소비자의 인식에 영향을 미쳐 상품 비교 또는 차이점에 대한 선호를 바꿀 수도 있다.

4.3 상품 개발 제안
4.3.1 제안 1 : 사계 하란산 문화상품 디자인

1) 표지(LOGO)디자인<표 4-15>

도형의 의미: LOGO는 전체적으로 한자 하(賀)를 바탕으로 하여, 산봉우리와 교묘하게 융합해, 태양신 암각화 등 요소가 변형되어 디자인되었다. 상반부의 직선은 하반부의 접선, 곡선과 대비된다.

색상의 의미: 로고는 갈색과 노란색을 주로 하고, 하란산 봉우리와 전체적인 색이 잘 맞고, 중간에 밝은 노란색은 떠오르는 태양을 상징하고, 황하와 '태양신'의 색과 대응한다.

전체적 의미: 표지는 한자와 암각화·황하·하란산 요소와 교묘하게 융합되어, 테마의 내면을 구현하고 전체적인 스타일은 하나의 인물 형상으로 심플하고 거친 광물로 지역적 특색을 살렸다.

<표 4-15> 표지 디자인과 응용

요소 출처	표지 형성	응용하다

Ⅳ. 하란산 암각화 관광문화상품 개발 사례 활용

2) 도안의 정제

대표 요소의 선정은 지역대표성, 문화적 상징성, 전승가치, 주목도 등을 충분히 고려해야 한다. '사계 하란산'은 하란산 암각화 중 대표적인 암각화 4개를 소재로 양 암각화, 호랑이 암각화, 태양신 암각화, 소 암각화를 제안 선정했다. 보조 도형은 하란산 암각화에 나오는 '기호류' 도형에서 취했다. 본체 도형과 보조 도형에 대한 추상화·기하화 처리를 통해 도형은 시각 형태에서 현대적이고 간단명료하며 블록화된 디자인의 풍격을 보여준다. 중국 전통사상에서 양은 '기쁨이 넘침'을 뜻하고, 복(福)과 수(壽)의 뜻이 있고, 호랑이는 고관 벼슬을 뜻하며, 태양신은 높은 지위를 의미하며, 복은 존귀함을 의미하고, 소는 능력이 뛰어나다는 의미를 담고 있다.

견본 <표 4-16>을 참조하면 된다.

<표 4-16> 암각화 형상 도안 디자인

몸체패턴디자인	암각화—양	암각화—호랑이	암각화—태양신	암각화—소
기하학패턴디자인				

위에서 언급한 방법으로 디자인 요소인 하란산 암각화를 추출, 혁신해 방법의 유

효성을 검증한다. 디자인 요소인 하란산 암각화에 대해서는 윤곽선을 보존하고 그 복잡한 선 요소를 지우고 부분적인 디테일을 더하여 새로운 디자인 요소를 만들었다.<표 4-17>

<표 4-17> 암각화 도안 조합 디자인

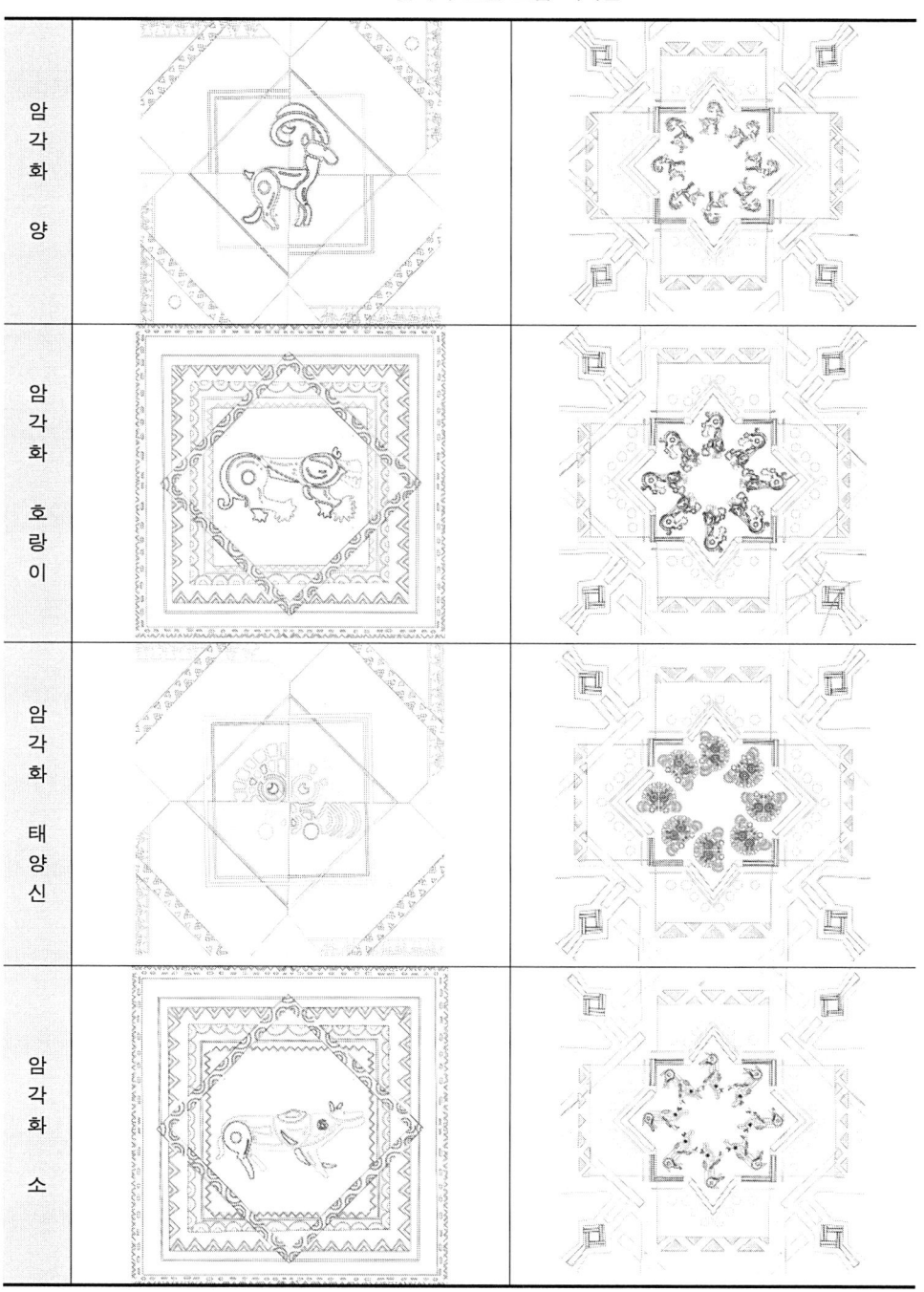

3) 색채의 표현

하란산은 중국 서북부의 온대 초원 기후대에 위치하고 온대 초원 기후에 속하며, 자연 지역의 특징이 비교적 선명하고, 기후가 건조하고, 여름에 덥고 겨울에 혹한, 바람과 모래가 많으며, 사계절이 뚜렷한 특징이 있다. 황하 유역을 돌아서면 깎아지른 절벽이 마치 한 폭의 아름다운 유화를 보는 듯하다. 하란산은 전체적으로 약 36만 묘(苗)의 원시삼림, 산과 내, 샘물, 임도, 돌로 깎아지른 독특한 자연경관이 펼쳐져 있다. 독특한 생태계와 자연풍경, 인문경관을 갖추고 있어 하란산은 사계절 산이 푸르고 물이 맑은 큰 배경을 형성하게 되었다.

봄은 3월부터 시작하여, 온 산과 들에 샛노란 개나리가 유난히 밝고, 푸른 감비나무 숲은 몇 가닥의 분홍빛과 청록빛이 더해져 하란산의 봄을 부르는 황록색조를 만들어냈다. 여름은 하란산에서 가장 시간이 긴 계절이자 녹색층이 가장 풍부한 계절로, 연초록, 중초록, 진초록, 초록, 회녹색, 먹녹색, 올리브 녹색, 그리고 포도 자색 등을 더하고 푸른 하늘이 받쳐줘 하란산의 여름은 청록색조를 만들었다.

가을은 하란산 색채 중 가장 풍성한 계절을 위해 밝고 다채롭다. 단풍잎은 가을 들어 색이 진해져 노란색, 오렌지색, 초록색, 빨간색[6] 순으로 나타나고, 빨간색 구기자, 얼룩무늬 큰 나무는 누르스름한 황색, 적갈색 등 조용하고 차분한 색채를 띠며, 다양한 색소들이 하란산의 온화한 가을과 부딪혀 차가운 색조를 띠었다.

하란산의 겨울은 얼음과 눈의 동화세계이다. 새하얀 눈, 이 천지간의 색이 옅은 회색빛을 덮어 버리고, 전체적으로 청회색을 나타냈다. 남회색, 청회색은 창백한 회백색 하늘과 저순도색의 명도적 대비를 이룬다. 하란산 겨울의 나무는 대부분 시들었지만, 이 때 만개한 매화는 한 떨기 순백과 분홍빛으로 한겨울의 묵중함을 깨뜨렸다.

위 하란산 지역의 사계절 자연채색의 공통적인 특징의 분석으로, 전형적인 하란산 지역의 자연적 특징을 가진 네 점의 경관 이미지(춘하추동 각 1점)를 처리 베이스로 선택하여, 하란산의 사계절 자연채색 대표색을 추출하여 도안 색채 및 문화상품의 디자인 응용에 사용했다. 하란산의 사계절 자연 대표색 추출은 <표 4-18>로 추출했다.

하란산(賀蘭山) 관광문화상품 디자인

<표 4-18> 색채 요소 추출(계절 색채)

봄	여름	가을	겨울

본 제안은 대표 색채 추출에 기초하여 색채 디자인의 기초적인 미학 법칙에 따라 하란산 지역 색채의 자연스러운 조화와 배색 방법을 구축하여 도안 색채의 질서 있는 배합을 실현하고, 화면의 디자인과 전파력을 증강시켜 시각 및 심리적 즐거움을 주며, 하란산 지역문화의 풍부한 색채를 다원화해 표현한다. 컬러를 써 디자인할 때는 메인 컬러, 보조 컬러, 포인트 컬러에 따라 가장 기본적인 컬러 기능을 구분한다.

메인 컬러: 색상 배열 방안 중에서 색 직사각도 통계 중 가장 높은 빈도를 나타나는 색을 선택한다. 직사각도 색상에서 추출한 24색 크로마토그래피(chromatography) 계보 중 선택 비율이 3.0% 이상이면서 포화도가 비교적 높은 색상을 메인 컬러 설정에 참고한다. 견본 그림 4-14 참조, 봄의 자연색 색채 추출의 경우 메인 컬러는 밝은 황색 3.8%, 황록색 3.1%를 사용하여 전체적으로 황록색조로 나타난다.

보조 컬러: 단색 또는 다색일 수 있으며, 같은 색은 화면을 부드럽게 통일시키고, 대비색은 화면이 활발하고 눈에 잘 띄게 하며, 색채 직사각도에서 추출한 24색 크로마토그래피 계보 중 순도(포화도)가 비교적 낮고, 명도가 비교적 높은 색상을 보조 컬러 설정에 참고한다. 여름의 경우 보조 컬러는 메인 컬러와 같은 색상으로, 연녹색 1.3%, 연남색 3.7%로 집계되어 메인 컬러와 조화롭게 전체적으로 청록색조를 띠고 있다.

포인트 컬러: 보통 메인 컬러, 보조 컬러와 비교적 차이가 큰 색상을 고르면 화룡점정의 효과가 있다. 직사각도로 추출한 24색 크로마토그래피 계보 중에서 통계적 비율이 3.0% 이하로 메인 컬러와 비교적 차이가 크고 포화도가 비교적 높은 채색

Ⅳ. 하란산 암각화 관광문화상품 개발 사례 활용

을 선택할 것을 건의한다. 겨울의 경우 포인트 컬러 선택 비율이 분홍색 1.6%와 연보라색 0.3%로, 전체적으로 남회색조의 답답함을 타파하고 화면에 생기와 활력을 살릴 수 있다. '사계 하란산' 문화 디자인에서 색채 직사각도에서 추출한 색보를 참고로 하란산의 자연스러운 색채 디자인 배색 기법을 종합 적용하여, 그 도안 색채의 기법을 전체적으로 표현했다. 메인 컬러는 봄에는 황녹색 양, 여름에는 청록색 호랑이, 가을에는 화려한 태양신, 겨울에는 남회색 소 등 사계절에 맞는 색채로 메인 컬러는 각각 4계절에 해당하는 색상으로 설정되어 있다.<그림 4-11>

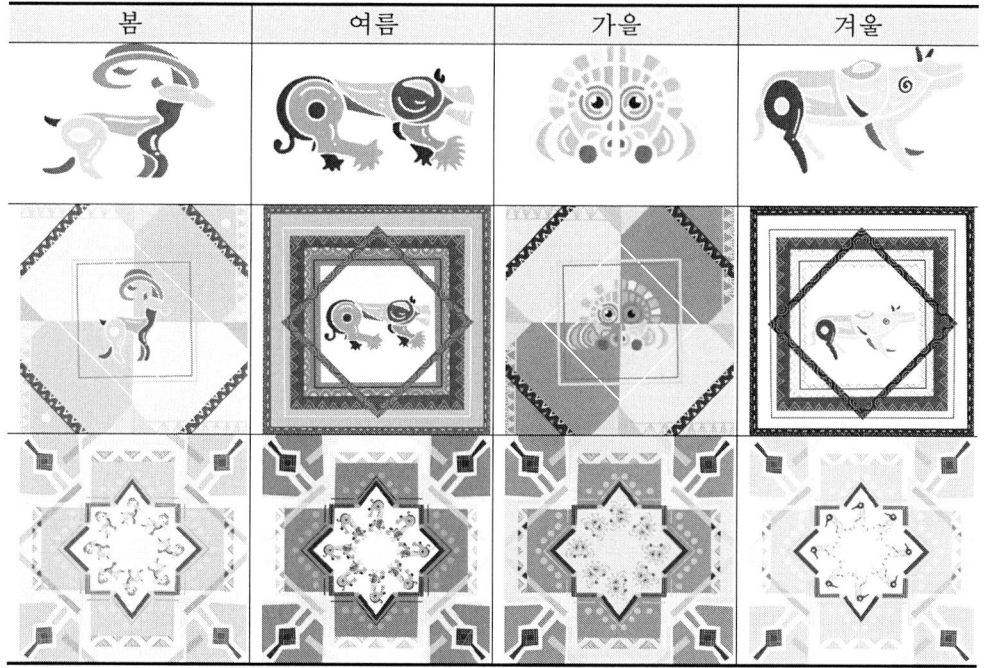

<그림 4-11> 색채 표현 제안

4) 소재의 표현

제품 소재에 기초한 디자인 방식은 주로 재료부터 시작하여 하란산 현지의 특색 재료를 결합하고 재료에 다시 디자인 중의 역할을 강조하였으며, 재료 자체의 기능적 특성을 강조하여 재료와 현지 재료에 대한 분류 연구를 했으며, 각 재료의 어의와 가공 방식을 충분히 알고 있다. <그림 4-10>과 같음) 패브릭은 예로부터 '남경여직(男耕女織)'이라는 아름다운 의미를 갖고 있다. 하란산에서 캐시미어 방직물이 많이 생산되었고, 캐시미어 옷감은 줄곧 인류의 일상생활에서 가장 중요한 재료로서 재질이 부드러워 현지 특수공예와 결합해 왔다. 도안을 디자인 요소로 하여 캐시미어 소재 스카프, 쿠션, 이불 커버 등을 디자인했다.<그림 4-12 같음>

특색 재료	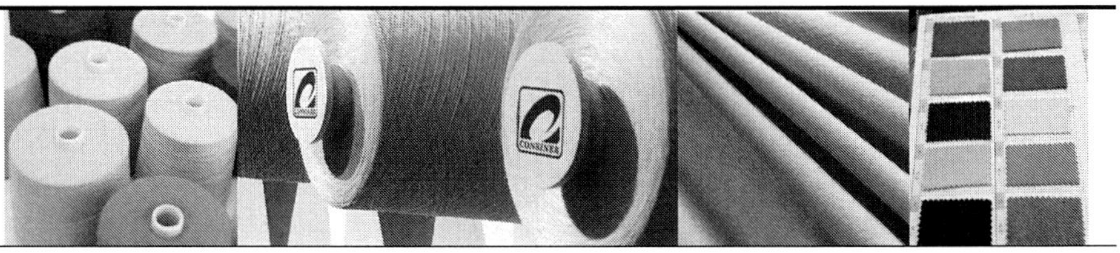
'사계 하란산' 문화제품 디자인	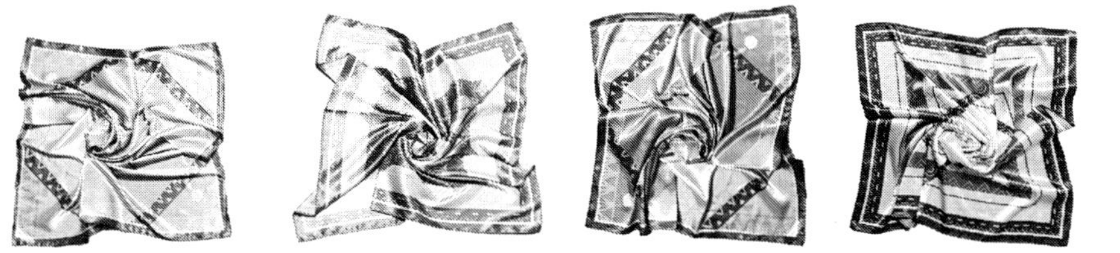 봄 여름 가을 겨울
	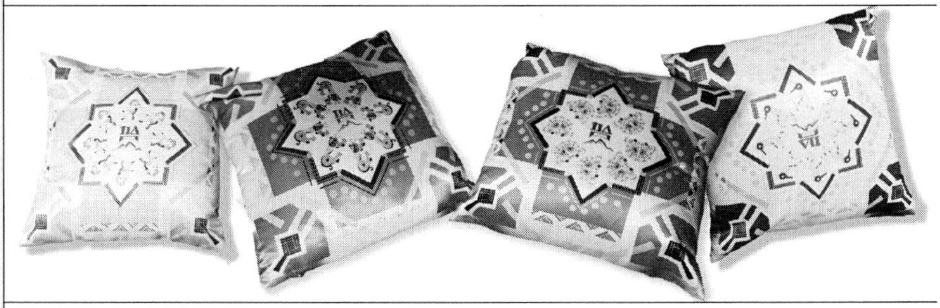
	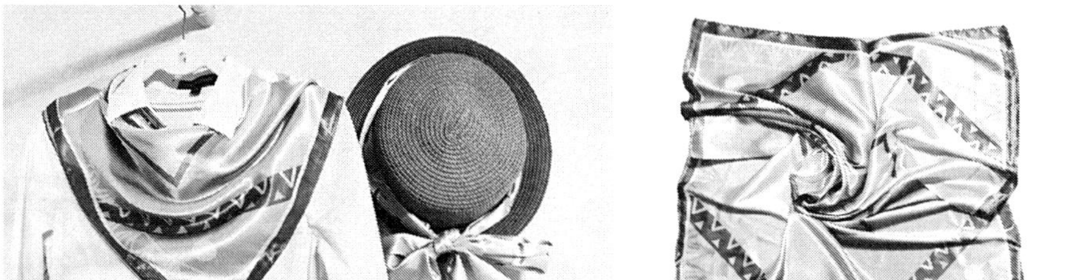
	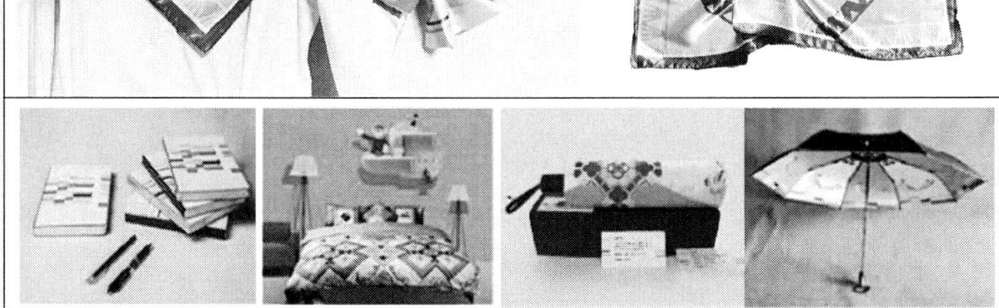

<그림 4-12> '사계 하란산' 디자인 제안 (1)

Ⅳ. 하란산 암각화 관광문화상품 개발 사례 활용

5) 스타일의 표현

이것은 차를 우려내 마시는 것을 좋아하는 비즈니스 여행자를 위해 디자인한다는 것이다. 스타일은 기하형태를 위주로 하고, 찻주전자에는 다양한 원기둥을 중첩한 스타일 기법으로 잔에는 테이퍼형으로 깎아주는 기법을 사용했다. 수납 팩에는 직사각형+원기둥의 스타일 기법이 있다. 실용성을 표현하기 위해 나무로 만든 열 방지 손잡이를 디자인하고, 뚜껑을 플랫 버튼으로 둥글게 디자인했다. 출수구는 매부리를 모사하여 물이 잘 빠져나가고 단수 시 역류가 쉽지 않고 찻물이 튀지 않도록 하여 심플하면서도 실용적이다. 빈티지 여행용 가방과 매치해 작은 사이즈로 공간을 차지하지 않아 수납, 이동이 편리하다. 각 디테일은 실용성과 미관을 잘 살렸다.

<그림 4-13> '사계 하란산' 디자인 제안 (2)

하란산(賀蘭山) 관광문화상품 디자인

4.3.2 상품 개발 제안2 - '선샤인 하란산' 문화상품 디자인

정량 분석 연구 결과에 따르면, 문화상품 디자인 방안은 도안, 색채, 재질, 조형의 관계를 적절하게 조절하여 지역 특색을 전달한다. 이를 실제로 적용할 때는 요소 추출식 디자인에서 평면적인 방식을 핵심으로 삼고 지역 색채가 담긴 새로운 질서의 도형을 기반으로 상품을 제작한다. 디자인 결과물을 적용할 때는 도형 원형과 상품이 조화를 이루도록 유의해야 한다. 종합하자면, 디자인 이념을 실현하는 과정에서는 핵심 디자인 요소를 정확히 파악하고 기능과 기술을 적용한 뒤 각 재료를 사용해 반복적으로 실험한다. 또한, 하란산 암각화의 디자인 요소를 적용하여 삼아 관광객의 기호에 맞는 문화관광상품 시리즈를 심층적으로 디자인하였다.

상품 개발 제안에서는 인체공학 이론과 소비자의 심리적·신체적 수요 충족을 원칙으로 삼았다. 사람들은 자연스럽게 관광지를 떠올릴 것이며, 억지스럽거나 어설픈 느낌 없이 지역 특색을 한층 더 강화할 수 있을 것이다. 이러한 디자인은 우산, 텀블러, 액세서리, 티셔츠, 캔버스 백, 손수건, 쿠션 등 다양한 유형의 상품에 적용할 수 있다.

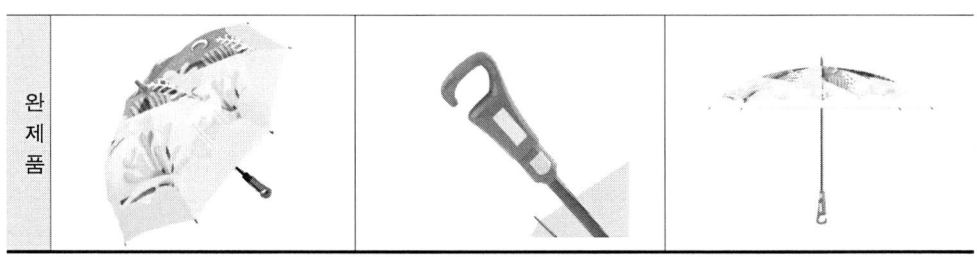

<그림 4-14> 선샤인 하란산 디자인 제안 (1)

Ⅳ. 하란산 암각화 관광문화상품 개발 사례 활용

<Figure 1> 우산은 생활필수품으로 관광객이 가장 많이 선택하는 상품 중 하나이다. 이미 디자인된 도안을 편집하여 우산 면에 알맞게 배치하였다. 파란색 계열의 우산 면은 하란산의 푸른 하늘을 연상시켜 비가 오는 날에도 즐거운 기분이 들게 한다. 우산대는 플라스틱으로 만들어 가벼우면서도 마찰에 강하다. 우산 면은 방수천 재질로서 매끈한 질감을 자랑한다. 실용성을 강화하기 위해 우산 손잡이 모양을 개선하여 한쪽이 뚫린 구조로 디자인하였다. 세심하고 실용적인 손잡이 구조는 손에 쥐었을 때 마찰력을 높여주며 사용 후 우산을 고리에 걸어두기도 편리하다. 본 상품은 아름다움과 실용성을 모두 고려함으로써 관광지에 대한 추억과 감성을 오래 유지하게 하는 등 관광객의 두 가지 수요를 모두 충족하였다.

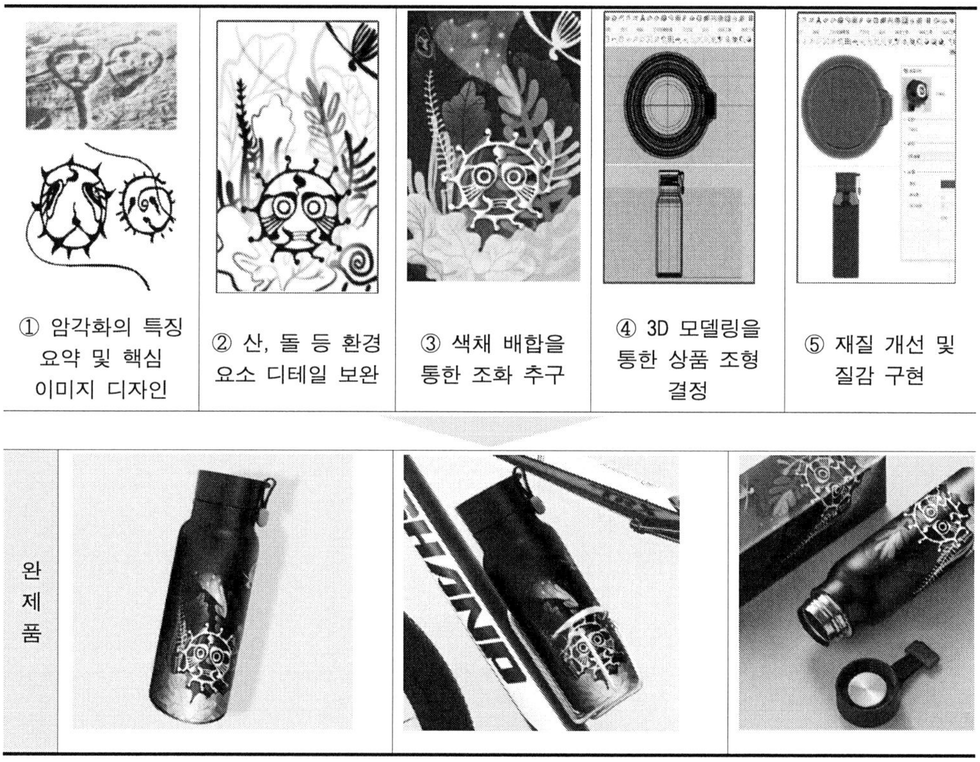

<그림 4-15> 선샤인 하란산 디자인 제안 (2)

본 디자인 제안은 하란산 암각화를 기반으로 하고 일상생활용품을 모티브로 하여 현대 관광객의 소비 습관에 맞는 상품을 구상하였다. <Figure 2>는 간결하면서도 예쁘고 휴대하기 편리한 텀블러이다. 디자인한 도안을 텀블러 위에 프린트하였으며

하란산(賀蘭山) 관광문화상품 디자인

텀블러 몸체 색상과 도안의 메인 컬러가 조화를 이룬다. 유선형의 원통 모양으로 제작하여 자전거 물통 거치대에 거치할 수 있으며 1,000mL 대용량으로 평소 수분 섭취에 필요한 양을 충족할 수 있다. 뚜껑 손잡이는 편평한 모양으로 만들어 텀블러 본체에 잘 붙도록 디자인하였다. 빨강과 검정의 조화를 통해 하란산 태양신 암각화에 담긴 의미를 완전하게 표현해냈다. 텀블러 입구는 넓게 디자인하여 음수와 세척 모두 편리하다. 텀블러 본체 바깥 면은 도자기 재질로 제작하여 텀블러 안에 뜨거운 물을 가득 담더라도 효과적으로 단열할 수 있으며, 미끄럼 방지 기능이 있어 본체를 편안하게 잡을 수 있다. 텀블러 안쪽은 스테인리스 재질로 내열성과 내부식성이 우수하다. 본 텀블러는 현대미와 전통미가 조화를 이루면서 세련된 느낌을 주도록 제안하였다.

<그림 4-16> 선샤인 하란산 디자인 제안 (3)

<Figure 3>은 전통적 요소와 현대 공법을 결합하여 만든 팔찌 액세서리이다. 도형에 대한 아이디어는 하란산 암각화에서 얻었다. 트렌디하고 아방가르드한 기하학 형상과 정교한 도안은 현대적 감각을 충분히 살렸으며 색채감도 아주 풍부하며 내

Ⅳ. 하란산 암각화 관광문화상품 개발 사례 활용

부 재질은 18k 금으로 도금한 뒤 은은하게 광택을 냈다. 반짝이는 표면에서 아름다움을 느낄 수 있으며 촉감도 부드럽고 활기찬 에너지가 느껴진다. 외부 장식에는 중국의 전통 법랑채 기법을 적용하여 화려하고 다채로운 그림을 프린트함으로써 중국의 매력을 한껏 살렸다. 버클은 이음매가 없는 디자인으로 부드럽게 여닫을 수 있으며 탈착도 편리하다. 본 팔찌 액세서리는 고전 예술과 현대적 미가 조화를 이루어 남다른 영감을 불러일으킬 수 있도록 하였다.

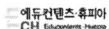

Ⅵ. 결론 및 시사점

5.1. 연구 결론

본 연구는 먼저 현재의 관광문화상품 개발디자인에 존재하는 문제점에 대하여 개념적으로 암각화와 관광문화상품의 개념을 연구하고 분석하여 초보적인 연구 씽킹맵(Thinking map)을 얻었다. 그리고 그 씽킹 맵에 근거해 닝샤성 하란산 암각화를 연구대상으로 선정하여, 암각화 관광자원을 정리하고 분석하여, 설문조사법과 전문가 자문법 등을 통해 데이터 자료를 얻었으며, 차원분석법과 인자(因子)분석법을 활용하여 하란산 관광문화상품 지표체계를 만들고 그 중 각 지표에 대한 권리를 부여함으로써 각 지표간의 관계를 계량화했다. 디자인 과정에서는 하란산 암각화에 현대적 미를 결합하여 전통을 계승하면서도 창의적인 디자인 방식을 모색하였다. 그 결과 현지 문화의 특색을 반영한 다양한 현대적 문화관광상품을 만들어낼 수 있었다.이는 관련 분야 디자인 연구자의 문화관광상품 개발에 참고가 될 것이다. 미래 하란산 암각화 관광지 문화상품의 주요 발전 방향을 찾고, 하란산 관광문화상품에 대한 미래지향적인 개발전략을 제시하고자 한다. 이는 지역문화에 기반을 둔 다른 유형의 아이디어상품 개발에 지도적인 역할을 함으로써 전국의 다른 지역문화 아이디어산업 발전을 촉진시킨다.

5.1.1 지역특색을 통한 관광문화상품의 활용

여행상품은 깊은 문화적 내용을 빼놓을 수 없는데, 특히 지역특색의 관광문화상품은 더 진귀해 보인다. 문화상품이 갈수록 대중적 관심을 받고 인기가 있기 때문에, 문화적 속성뿐만 아니라 지역적인 요소를 고도로 융합하여 문화 아이디어상품의 품질과 내실을 기하는 것이 가장 중요하다. 반면에 관광상품의 경우 문화적 내실이 부족하면 생산에 영향력이 미미하고, 다른 상품유형과 결합해 시너지 효과를 낼 수 있다. 예를 들어, 디자인 제안에서 다기 제품의 경우, 중국의 전통 자사(紫砂) 재질을 바탕으로 새롭게 디자인하고, 산과 돌의 거친 스타일을 강조하며, "사계 하란산"의 도안과 결합하고, 문화 아이디어와 제품을 교묘하게 융합하여, 문화 아이

하란산(賀蘭山) 관광문화상품 디자인

디어상품에 보다 많은 문화적 내실을 기하고, 하란산 지역적 특색을 입체적으로 재현하여, 관광객의 공감을 쉽게 얻는다.

관광지마다 모두 독특한 자연환경과 문화적 특색이 있고, 같은 유형의 문화적 특색을 분석하여 정리해도 차이가 존재하고 있음을 알 수 있다. 암각화 예술은 중국에서 남북의 다른 계통으로 나뉘는데, 그중 본 연구에서 다룬 닝샤 하란산 암각화는 북방 계통에 속한다. 북방 암각화는 대부분 새겼는데, 이 새김은 연마와 타공, 선각(線刻)을 포함한다. 북방 계통의 전반적인 시간은 이르면 신석기시대, 늦으면 원대(元代)에 있다. 남방계 암각화는 대부분 붉은색으로 칠하고, 안료는 적색 철광분과 소의 피를 섞는 등 제작연대가 전국시대부터 동한에 집중됐다. 따라서 비슷한 문화특색이라도 차이를 부각시켜야 한다. 예를 들어 하란산 암각화는 대표적인 석각인 인면상(人面像) 유형으로, 내몽고 음산 암각화는 대표적인 차량도(車輛圖) 유형이고, 윈난성 챵웬 암각화는 대표적인 적색 도화(塗畵) 유형을 선택할 수 있다. 문화상품과 결합해 또렷하고 세련된 디자인을 만들고, 지역적 특성을 디자이너 자신만의 디자인 언어로 표현함으로써 문화상품 디자인의 동질화 현상의 출현을 피할 수 있다.

5.1.2 원소추출식 기법을 통한 문화기호의 변환

본 연구는 원소 추출식 기법을 채택하여 간편하고 빠르게 하란산 암각화 문화상품 디자인을 실행할 수 있다. 이 방법은 다른 지역의 문화상품 디자인에 본보기가 된다. 원소추출 방법으로 지역 문화를 탐구하는 것은 보다 근본적인 설계 기법이다. 하란산 문화에 대해 디자인 요소를 획득하는 방법을 모색하고, 전통 문화에 디자인 요소의 기본 패턴을 총결산했다. 하란산 암각화를 분류하여 하란산 암각화의 소재를 채집, 정리하고 이 부분의 문화소재를 설계 해석하여, 문화소재의 스타일, 기능, 내포된 속성을 충분히 발굴하여 디자인적 요소로 변환하여 재창조하였다. 디자인은 평면화 방법을 위주로 현대적 심미와 결합하고, 다양한 경로, 다양한 형태의 방식으로 지역 색채의 다원적 표현경로를 모색하고 있으며, 이 지역 특색의 제품과 계절, 산수(山水)가 가진 색채와 조화가 있다. 전통을 현대화한 연역의 문화아이디어상품 디자인은 문화 기호의 변환과 운용을 통해 실현되어야 하며, 문화 기호의 추출과 동시에 문화 기호의 기능적 의미를 추출하고 현대적 수요와 결합하여 디자인으로 전환되어야 한다. 변화를 준 그래픽 요소를 관광상품에 접목하고, 상품 자체의 특성에 맞게 공예기술과 재질을 결합해 스타일과 적절히 조화시켜 지역특징을 한층 강화했다

5.1.3 고객만족도 기반에서 디자인 구축

본 연구의 과정 중, 대량의 조사 연구 작업을 충분히 관광객 쇼핑 습관으로 이해했다. 문화상품과 서비스는 모두 사용자 중심이며, 사용자 수요와 시장 수요에서 출발하여, 끊임없이 혁신하는 체험을 통해 사용자를 더 잘 끌어들이고 붙잡아야 하며, 문화상품과 서비스가 내면의 심리와 정감을 건드리는 것이 더욱 사람을 중심으로 하게 한다. 주체에 따라 소비수요에 맞는 상품을 개발하여 여행기념품의 기본적 특징에 유행과 혁신을 더해 적절한 사용기능을 갖추도록 한다. 10억 명에 달하는 유저(user)를 실시간으로 연결해주는 모바일 인터넷 빅데이터 기술과 인공지능 기술을 통해 사용자를 정밀하게 그려내고, 수많은 데이터 속에서 사용자의 니즈와 불편사항을 정확하게 찾아내, 더 나아가 세대를 거듭하는 제품과 서비스로 사용자의 실질적 니즈와 잠재적 니즈를 충족시켜준다.

본문의 연구 목적을 달성하기 위하여, 제품 혁신과 온라인 리뷰에 관한 국내외 연구 결과를 종합하여 요약하였다. 제품의 내부 구조, 제품 기능, 제품 외관, 부가 제품(판매 후 등)이 사용자의 가치 감지 및 만족도에 영향을 미칠 수 있음을 발견하고, 설문지를 활용하여 샘플 데이터를 수집해 응용한다. 사용자를 총결(總結)하자면, 제품의 구조, 제품, 형식 제품, 부가 제품이 비교적 좋을 때 사용자의 만족도가 비교적 높다는 것을 알 수 있다. 반대로 사용자 만족도를 떨어뜨리면, 이에 따른 악플이 뒤따른다. 따라서 기업은 조사연구에서 사용자의 제품 모멘텀(momentum)에 따라 제품을 개선하여 사용자의 만족도를 높일 수 있다. 이 같은 결론은 문화상품 디자이너 및 기업이 제품을 개선하는 부분에도 이론적 뒷받침을 제공한다.

5.1.4. 과학적 데이터 검증 방법 및 조사와 모형의 활용

현재 제품 설계에 대한 평가 방식은, 대부분 상황이 사람 손으로 데이터 조사 연구를 하지만, 이런 단일 방식은 연구자의 업무 강도를 높이고 비교적 충분한 양의

하란산(賀蘭山) 관광문화상품 디자인

샘플을 수집하기도 어렵다. 제품 디자인은 감성적 사고와 이성적 분석을 융합한 복잡한 인간의 지적인 활동으로 예술과 테크놀로지의 융합이며, 단지 인공이나 단일의 지능 계산으로 평가 모델을 확정한다면 비교적 큰 편차가 있을 수 있다.

따라서 본 연구에서는 AHP 차원 분석법과 인자(因子)분석 샘플 데이터의 과학적 방법으로 조사 설문지를 조합해 정량적으로 평가지표를 선별하고 전문가 심사를 통해 반복적으로 검증한다. 예를 들어, 본 연구는 과제 선행연구에 기반하여 하란산 문화요소의 기본정보를 수집하고, 인자분석법을 활용하여 하란산 암각화 문화상품의 평가인자를 정의하고, 평가인자를 설문조사 통계에 활용하여, 우선순위가 비교적 높고 하란산 특색이 가장 많은 문화소재를 분석한다. 정량·정성법을 활용하여 타깃층의 위치 파악과 분석을 통해 기초모델을 만들고, 도안·재질·스타일·색채 네 가지 측면에서 접근해 다양한 방법을 종합적으로 활용하여 하란산 암각화 문화에 기초한 아이디어상품 설계를 진행했다.

5.2 연구의 한계

첫째, 본 논문 연구는 어느 정도 깊이 있게 들어가지 못하고 단편적인 문제가 있으며, 관련 문헌자료의 분석과 정리가 철저하지 못했던 부분도 본문의 연구에 한계성을 야기했다. 동시에 시간의 제약으로 인해 설문조사의 데이터 양이 요구를 충족시키지 못하고 수집된 정보와 데이터가 전면적이지 못하기 때문에 지표체계 중 일부 지표는 선정의 정확도가 높지 않고, 연구 결론의 편차가 어느 정도 있을 수 있다.

둘째, 본 연구는 주로 설문 및 인터뷰를 통해 이루어져 조사 수단이 비교적 단일하다. 관련 있는 생리학적 측정 도구가 있어 부수적으로 조사한다면 결과는 아마 더 정확해질 수 있는데, 이 때문에 연구 결론은 객관적인 환경의 요소 분석에 지나치게 치중한다. 심리 차원의 분석은 아직 본인이 관련된 연구 방법을 찾지 못해 향후 연구에 더욱 박차를 가할 필요가 있다. 또한 관광객 인터뷰를 할 때 인적 물적 재정 등 객관적 요인에 의해 제한이 있고, 조사가 전면적이지 못한 것도 결론의 보편성과 적합성에 어느 정도 영향을 미친다.

셋째, 본 논문의 연구는 하란산이 가지고 있는 중점 문화자원에 대해 집중적으로 분석하고 문화적 가치 요구와 음성적 문화 욕구 등의 방면에 대한 연구는 다루지

Ⅴ. 결론 및 시사점

않았다. 따라서 전면적인 결론을 얻지 못해 보편적으로 적용되는 분석 방법을 찾아 결론에 대한 효과적인 보완이 필요하다.

5.3 향후 연구 방향

연구 결론의 제한성을 겨냥해, 본 연구의 과제는 향후 더욱 더 전면적인 데이터 모형을 통해 포괄적이고 효과적인 분석을 할 수 있으며 이로 인해 중국의 기타 전통 문화 관광 산업의 발전에 주도적인 역할을 할 수 있다. 또 관광문화상품의 생애주기에 대한 연구를 보완해 문화의 전승을 발휘하고, 관광산업의 발전과 밀접한 관계를 맺을 수 있어 결론이 더욱 실용성을 갖는다.

지역 특색을 담은 문화상품 개발은 아주 중요하면서도 복잡한 과정이다. 본 연구에서 제시한 디자인 방법은 하나의 간단한 기준에 불과하다. 향후 심층 연구를 통한 보완이 필요하며 암각화 소재에 대한 깊은 탐색이 이루어져야 할 것이다. 후속 연구에서는 전통 매체를 뛰어넘어 문화관광상품 디자인의 흥미성과 상호작용성을 연구하고자 한다. 또한 은천시 하란산 암각화의 새로운 형상과 뉴미디어 기술을 결합하여 뉴미디어 문화상품의 혁신 디자인에 관한 연구를 진행할 것이다. 신시대(新時代)의 뉴미디어에 부합하는 홍보 수단을 개발하려면 시각적 매력과 참신함을 갖춘 하란산 암각화 문화상품 디자인이 필요하다. 문화유산을 계승하고 발전시킴과 동시에 하란산 암각화 문화상품 디자인을 세련되고 현대적으로 변화시킨다면 하란산 암각화의 문화적 특색을 더욱 효과적으로 홍보하고 알릴 수 있을 것이다.

앞으로 연구에서 사람들의 문화욕구에 대한 개성화된 특정 동호인의 문화활동 집중지역에 대한 연구도 하나의 트렌드로 자리잡을 것이다. 역사·예술 등에 대한 욕구에 만족하는 사람에게 문화의 거리를 제공하여 취미가 같은 사람들을 위한 문화 창작 활동, 연예(演藝)센터를 건립해 음악제 등의 연예 활동을 할 수 있도록 한다. 빅데이터, 사물인터넷, 3D프린팅, AR/VR, 인공지능, 블록체인 등 신기술이 끊임없이 문화산업에 활용되면서 박물관, 예술관, 문화의 거리 등에 새로운 활동이 부여되고, 박물관 예술관 등의 기능이 이미 전통적 범주를 크게 넘어 더욱 사회화, 다양화, 디지털화가 된다.

하란산(賀蘭山) 관광문화상품 디자인

　디지털 기술 등 과학기술은 전통문화 콘텐츠의 전시 형식을 크게 확장하여 새로운 제품 표현형식을 탄생시키고, 문화상품 발전에 신공간을 구축하였으며, 전통문화의 발전을 점차 혁신, 규모, 집약, 과학기술의 문화아이디어 신경제산업으로 발전시켰다. 앞으로 문화수요가 더욱 세밀화, 개별화됨에 따라 개성 있는 문화는 특색 있는 문화 운반체로 점차 증가하고, 관광문화상품의 신경제 부분이 집약적으로 발전할 것이다.

【 참 고 문 헌 】

< 단 행 본 >

진소봉(陳少峰), 「文化產業讀本」, 青城出版社, 2009

향용(向勇), 「文化產業圖論」, 北京大學出版社, 2015

예랑(葉朗), 「美學原理」, 北京大學出版社, 2009

여무외(厲無畏), 「創意產業圖論」, 鶴林出版社, 2006

여무외(厲無畏), 「改變中國」, 神話出版社, 2009

허지드(賀吉德), 「賀蘭山巖畫百濟」, 陽光出版社, 2011

진소봉(陳少峰), 장리보(張立波), 「文化產業的商業模式」, 北京大學出版社, 2011

단제상(單霽祥), 「城市化發展與文化遺產保護」, 天津大學出版社, 2006

담국신(談國新), 종정(鐘正), 「民族文化資源數字化和產業化開發」, 華中師範大學 出版社, 2012

임남지(林南枝), 도한군(陶漢軍), 「旅行經濟學」, 南開大學出版社, 2000

종뢰(鐘蕾), 이양(李楊), 文化創意與旅遊商品設計」, 中國建築工業出版社, 2015

장소지(張少誌), 장젠궈(張建國), 「賀蘭山巖畫研究集萃」, 寧夏人民出版社, 2017

민웅기, 「공공성 기반 관광상품 소비문화에 내재한 상징적 경계에 대한 관광」, 2017

웨이재생(韋復生), 류홍잉(劉宏盈), 「民族文化創意與地區旅遊發展研究」, 人民出版社, 2016

류관중(柳冠中), 「中國古代設計-史理學系列研究」, 高等教育出版社, 2007

예랑(葉朗), 「中國美學史大綱」, 上海人民出版社, 2002

조강홍(趙江洪), 「人間工程」, 高等教育出版社, 2006

톈웨(田蔚), 「思想設計」, 北京理工大學出版社, 2005

류강톈(劉剛田), 지샤오민(吉曉民), 「產品造型設計方法」, 電子工業出版社, 2010

허지드(賀吉德), 정옥방(丁玉芳), 「賀蘭山巖畫百濟」, 陽光出版社, 2011

마청린(馬清林), 수백민(蘇伯民), 「中國文物分析鑒別與科學保護」, 科學出版社, 2001

오봉운(吳峰雲), 「西夏文化遺產」, 文化遺產出版社, 1988

허성(許成), 위중(衛中), 「賀蘭山巖畫」, 文化遺產出版社, 1993

주디(朱狄), 「原始文化研究」, 生活.讀書.新知三聯書店, 1988

하란산(賀蘭山) 관광문화상품 디자인

< 학 위 논 문 >

권주영, 「트렌드 스타일과 디자인 기획 연구」, 성균관대학교 석사학위논문, 2009

김정호, 「백제문화재를 기반으로 한 문화상품 디자인 개발요소 연구」, 충남대학교 박사학위논문, 2013

박지민, 「지역성을 기반으로 한 관광문화상품 디자인 개발에 관한 연구」, 국민대학교 석사학위논문, 2011

고종원, 「한국 관광기념품의 국제경쟁력 제고 연구」, 경희대학교 박사학위논문, 2001

김주년, 「지속가능관광개발지표에 관한 연구」, 세종대학교 박사학위논문, 2005

김형우, 「세계문화유산의 지속가능한 관광자원화를 위한 지표개발 연구」, 배재대학교, 2014

브린(葡琳), 「中國文化遺産展示體系研究」, 博士論文, 西北大學, 2012

정초공(程超功), 「Study of the Evaluation System of Cultural Tourism Product」, Jiangnan University, 2009

TANG Lin-tao, 「Design Affairology Theory, Method and Practice」, Tsinghua University, 2004

LU Wei-jia, 「Design Elements Collection and Innovation of Cultural Creative Products:a Case Study of Yuelu Academy」, Changsha: Hunan University, 2015

저우야(周雅琦), 「北京民俗文化文創産品設計應用研究」, 北京理工大學, 2015

곽수호(郭樹皓), 「北京故宮博物院文創産品開發特色研究」, 新疆大學, 2019

백정(白晶), 「博物館衍生品開發及營銷模式研究」, 南京藝術大學, 2013

왕수웨(王秀偉), 「探索地方特色文化産業發展的文化權限模式」, 江西師範大學, 2014

< 학 회 지 >

모성은 외 1명, 「지역특화관광기념품산업의 현황 및 파급효과 분석」, 한국지역경제학회 16, 2010

박은경 외 2명, 「문화유산관광에서의 진정성이 관광자의 만족도와 관광기념품 구매행동에 미치는 영향」, 관광연구저널 28(8), 2014

송준호, 「메밀꽃 필 무렵의 상징론적 해석」, 논문집 18, 1996

참고문헌

양순영 외 1명,「평창의 문화자원을 활용한 문화관광상품 디자인 개발 활성화」, 한국디자인트렌드학회, 2014

이율화,「국립중앙박물관 문화상품점의 문화상품 발전 방안에 대한 연구」, 한국디자인문화학회지 19(2), 2013

김지원,「메타상품으로서 문화상품」, 디자인학 연구 26권 4호, 한국디자인학회, 2013

G. 빌궁,「몽골 유물을 이용한 박물관 문화상품 디자인 개발 방안 연구」, Design Convergence Study 43 Vol.12, No.6, 2013

이율화,「국립중앙박물관 문화상품점의 문화상품 발전방안에 대한 연구」, 한국디자인문화학회지 19권 2호, 한국디자인문화학회, 2013

박규원,「디자인조사, 가치측정연구」, 브랜드디자인연구학회, 2009, (3):29-41

류준호, 윤승금.「문화산업의 적정용어가 문화콘텐츠 창의성에 미치는 영향에 관한연구-한국문화산업」, 브랜드디자인연구학회, 2010, 5(1):1-18

김정훈,「21세기 신성장 동력, 문화콘텐츠 정책의 방향」, 한국디지털정책학회: 학술대회논문집, 2007:171-180

노봉호,「지역개발을 위한 문화관광축제디자인의 평가지표에 관한 연구」, 홍익대학교 대학원, 2016(2) 202-207

민웅기, 김상학(2015),「세계화 시대의 다문화가족의 확산과 국제관광의 사회적 기능에 대한 이론적 성찰」, 관광연구저널 29(4), 5-17

박영환,「문화현상으로 본 현대 한중문화의 교류와 충돌」, 중국학보, 2011

쑹지에,「전통문양을 활용한 문화상품 포장디자인이 소비자 구매행동에 미치는 영향-한국과 중국의 전통문양 포장디자인을 중심으로」, 호남대학교대학원 박사학위논문, 2021

황용철, 홍원석,「문화예술상품 소비자의 라이프 스타일에 따른 체험요소, 체험만족도, 전반적 만족, 구매 후 행동 간의 영향에 관한 연구」경영교육연구, 559-580, 2011

김제중,「지역출토유물을 모티브로 한문화 상품디자인 개발에 관한 연구」, 조형미디어학, 2018: 205-213

Jia Chaoliang,「Sculpture-Mask Under the Environment of Chinese Rock Painting Art.Cross-Cultural Communication, 2013

Xu qixian, LIN Rong-tai, 「Process of Cultural Product Design」, Journal of Design, 2011, 16(4): 1-18

Yin Huaguang, PENG Xiao-yue, YU Jie, 「Construc_tion of the Evaluation Index System of the Tourism Exploitation Potential of Intangible Cultural Heritage」, Journal of Hunan University(Social Sciences), 2009, 23(6): 101-106

위붕거(魏鵬举), 「文化创意产品的属性和特征」, 文化月刊, 2010(8): 51-53

탕린도(唐林涛), 「设计Affairology理论方法和实践」, 北京: 清华大学, 2004

주림랑(周林朗), 「基于情境整合的文创产品设计」, 包装工程, 2017

커창중(柯长忠), 서조봉(徐朝峰), 정건기(郑建奇), 「设计的情感环境」, 包装工程, 2010, 31(4): 39-42

김원포(金元浦), 「文化創意產業的歷史性登場」, 舊詩, 2008 (19): 57-58

천쩌카(陳澤愷), 「帶得走的文化-文創產品的定義分類與3C共鳴原理」, 現代交往, 2017(02): 103-105

임옥평(任玉平), 「文化資源開發效率評價指標體系研究」, 太原大學學報, 2008(02) :5-13

야오웨(姚偉鈞), 「從文化資源向文化產業-中國文化產業發展的戰略選擇」, 中國文化產業評價, 2012, 16(02): 167-175

이지강(李誌剛), 주지군(朱誌軍), 스반(史凡), 「面向互聯網+的新一代互聯網基礎設施建設, 電信技術」 2015(04): 15-17

장잉(張穎), 「北京故宮博物院文創產品美學價值研究」, 文物鑒定與欣賞, 2019(17): 76-78

모소디(穆筱蝶), 「互聯網+背景下博物館文創開發戰略研究-北京故宮博物院为例」, 新聞研究導刊, 2017

Markus, 「Self-Schemata and Processing information about the self」, Journal of Personality and Social Psychology, 1977, 35, 63-78

Hughes, G. D. and Chafin, D. C, 「Turning new product development into a continuous learning process」, Journal of Product Innovation Management, 1996, 13(2): 89-104

Krugman, Paul R, 「Intraindustry Specialization and the Gains from Trade」, Journal of Political Economy, Vol.89, No.5, 1981, 959-973

Falvey R E, 「Commercial policy and intra-industry trade」, Journal of International Economics, Vol.11, No.4, 1981, 495-511

< 외국어 번역서 >

Garl Grodach, 「The Creative Industries: Culture and Policy[M]. Los Angles: Sage Publications Ltd, 2013

Roberta P, 「Creative industries, new business formation, and regional economic growth」, Small Business Economics, Vol.39, No.3, 2012

Innocenti, Lazzeretti, 「Do the creative industries support growth and innovation in the wider economy Industry relatedness and employment growth in Italy」, Industry and Innovation, Vol.26, No.10, 2019

Seungil Y, 「The relationship between creative industries and the urban economy in the USA」, Creative Industries Journal, Vol.13, No.2, 2020

Goto K, 「Why Do Governments Financially Support the Creative Industries?」, Springer Singapore, 2017

(일)하라켄야, 「주날역. 디자인중디자인」, 베이징대학출판사, 2011

(일) Sooetsu Yanagi, 「장로 옮김. 일본 수공예」, 히로시 사범대학 출판사, 2006

(일)中野明, 고잔찬 옮김. 「창의천재학으로 생각하기」, 춘광출판사, 2009

(영)다비드 헤스몬드할흐 (David Hesmondhalgh), 료페군 옮김, 문화산업, 위버 문화국제출판유한회사, 2006

(영)앨리스. 로스트혼(Alice Rawsthorn), 「공원의 번역. 디자인」, 더 나은 세상을 위하여, 히로시사범대학출판부, 2015

(캐)콜버트(Colbert), 「문화산업 마케팅 및 관리」, 상하이인민출판사, 2002

E. 아나티(阿納蒂), 「世界嚴畫硏究槪況 - 一部聯合國敎科文組織的報告」, 1984

Kogut, 「Designing Global Strategies: Comparative and Competitive Value - Added Chains」, Sloan Management Review, 1985, 15-28

박범준, 「A study on the Cultural Contents Studies for Communication and Contents Design on 'agencement'」, 글로벌 문화콘텐츠학회, 2012(8), 109-135

C. Pratt, 「Employment in the Cultural Industries Sector: A Case Study of Britain, 1984~1991」, Environment and Planning, 1997

C Gibson, 「Cultural undertakings and cultural industries」, Chinese cultural newspaper, 2010 (7)

H. Koivnen, 「Value Chain in the Cultural Sector」, Paper Presented in Association for Cultural Economics International Conference(Barcelona, 1998 (6) : 14-17

M. Bernstin, 「The Culture Industry」, The Cultural Industries and Employment, European Commission, 2001 (2) : 98

< 인터넷 홈페이지 >

문화관광부 [OL], http://www.mct.go.kr

한국문화정책개발원[OL], http:/www.kcpi.or.kr

한국경제연구원[OL], http://www.keri.org

통계청 [OL],http://www.nso.go.kr

한국문화콘텐츠진흥원[OL], http://www.kocca.or.kr

문화재청 국가문화유산 포털 http://www.heritage.go.kr(접속일: 2018.04.11.)

국립나주문화재연구소 홈페이지 http://naju.museum.go.kr(접속일: 2018.04.14.)

http://terms.naver.com/entry.nhn?docId=1228101&cid=40942&categoryId=32180 (2016.9.20)

https://unctad.org/webflyer/creative-economy-outlook-trends-international-trade-creative-industries#tab-2

https://unctad.org/system/files/official-document/webditcted2016d5_en.pdf

https://www.creativitycultureeducation.org/publication/creative-industries-mapping-document-1998/

【 Abstract 】

Study on the tourism and Cultural Product design of Chinese Helan Mountain Rock Painting

Li Li

Graduate School of Convergence Design
Hanseo University

Advisory professor: Han, Sang Yun

Culture is the sum total of spiritual wealth and material wealth created by human beings, and has a certain geography, materiality, history, inheritance. The combination of culture and tourism has produced a popular new form of tourism combining humanistic, social and nature tourism, tourism and cultural commodities are the carriers of cultural inheritance and development. Tourist souvenirs are an important part of tourist shopping, it has been a short board in China's tourism industry. There is plenty of room for development. This new form can bring more than just delightful scenery, at the same time, it also puts forward higher requirements for the innovation and uniqueness of tourism cultural products derived from classical cultural resources. And with the design of tourism cultural goods more and more popular. The cultural products in many tourist areas are mostly mediocre and imitative. Therefore, it is not attractive to tourists. In this regard, this paper takes the yinchuan regional cultural characteristics - Helan Mountain rock painting as an example to carry out relevant research.

The purpose of this study is to transform culture into higher productivity, to integrate China's rich, high-quality and correct cultural content into the aesthetic of industrial development through creative ideas. Into people's production, life, ecological aesthetics. And then follow the rules of market economy. Spread it, plant it, infiltrate it all over the world. Give full play to cultural tourism to lead the transformation of traditional culture to modernization, thus promote the development of the modernization of the whole society, according to the advantages of cultural resources of tourist attractions. Analyze and refine the elements with regional characteristics. Improve the implementation methods and processes of cultural commodity development. Provide clear and systematic steps for design researchers engaged in related fields. It provides reference template for helan Mountain rock painting scenic spot and other traditional culture tourism product design. This is the core purpose of this study.

In terms of research methods, mainly through consulting and collecting domestic and foreign literature data, sorted out ningxia autonomous Region regional characteristics, Helan Mountain rock painting scenic features of the relevant information. Summarize from multi-disciplinary and multi-angle, take this as the basis of preliminary research. And through three years, carried out field investigation in Helan Mountain region of Ningxia Province, a questionnaire survey was carried out on the existing tourism and cultural product stores. Fully understand customer satisfaction with the product, according to the current situation of user demand and tourism industry, AHP and factor analysis were used to establish the evaluation index. In this process, experts are invited to build the evaluation calculation model by constructing the judgment matrix, two rounds of certification were completed, finally determine the cultural product evaluation index system, it provides reliable theoretical basis for the design of helan Mountain cultural products. In the fourth chapter of this study, researchers verify the reliability of evaluation indicators, completed the helan Mountain rock painting theme cultural product design proposal, the design process is described in detail, find the key points of cultural creative product design for the same type of tourism cultural product development to provide reference. It is verified by practical application, the evaluation index system constructed can effectively convey the regional cultural content. And meet user requirements.

In the conclusion of this study, summarized the helan mountain rock painting tourism scenic area to build the main development direction of cultural products, put forward a forward-looking development strategy for helan Mountain tourism and cultural products, at the same time, it also points out the shortcomings of the research. First, exert the charm of tourism cultural products through regional characteristics. The second is to transform cultural symbols by means of element extraction. Third, the design is based on the satisfaction of target customers. Fourthly, use scientific data to verify the validity of the method and model. In view of the limitations of the research conclusions, the topics studied in this paper can be comprehensively and effectively analyzed in the future through a more comprehensive data model, Thus, it plays a guiding role in the development of other traditional culture tourism industry in China. In the future, with the more detailed and personalized cultural needs, cultural carriers featuring individual culture will gradually increase, the new economy of tourism and cultural products will develop in a concentrated way.

Key words: helan mountain rock painting, regional features, cultural tourism, design elements, product design

에듀컨텐츠·휴피아
ECH Educontents·Huepia

❖ 부 록

【부 록】
<첨부 1>
2022
한서대학교 일반대학원
전문가 의견수집표 <제1차>

존경하는 교수님! 그리고 전문가 여러분!

안녕하십니까? 이렇게 소중한 시간을 내어 주셔서 감사드립니다.

본 설문지는 문화상품 디자인 방안 평가지표 선정 수집표로, 하란산 암각화 문화상품 디자인 방안의 평가지표에 대해 알아봅니다. 선행 연구의 관련 데이터에 따르면, 본 논문은 9개 유형과 40개 지표를 우선 선정했으니, 귀중한 의견을 제시해 주시고, 관련 지표를 평가해 주시어, 본 논문이 확정한 평가 지표가 객관성과 과학성을 가질 수 있도록 해주시기 바랍니다. 여러분의 개인정보에 관해서는 연구 이외의 다른 목적으로 사용하지 않을 것임을 보장합니다.

이번 조사의 피드백에 대해 진심으로 감사드립니다.

한서대학교 일반대학원
연구자 : 융합디자인학과 박사과정 Li Li
지도교수 : 융합디자인학과 교수 한상윤

하란산(賀蘭山) 관광문화상품 디자인

* 다음은 통계를 위한 설문 조사의 기초 질문입니다.

I. 기본 정보

1. 귀하의 이름은?

2. 귀하의 성별은?
   ① 남성   ② 여성

3. 귀하의 나이는?
   ① 30대 ② 40대 ③ 50대 ④ 60대

4. 귀하의 직업은?
   ① 관리자 ② 연구원 ③ 대학 교수 ④ 경력디자이너

5. 귀하의 직장은?

6. 귀하의 전공영역은?

7. 귀하의 근무경력은?

II. 평가지표의 선택

인터뷰에 대한 설명 :
1. 전문가 각도에서 아래의 문제들에 대한 즉각적인 답변은 인터뷰 결과에 더욱 과학적으로 작용할 것입니다.
2. 관련 내용들에 대해 상담자가 설명할 것이며 귀하의 답변을 기록할 것입니다.
3. 전문영역에 근거하여 고귀한 건의와 의견 부탁드립니다.

기준	평가지표		건의	처리의견
B1 스타일	C1	다양성		
	C2	혁신성		
	C3	간단성		
	C4	실용성		
B2 색채	C5	조화성		
	C6	미관성		
	C7	풍부성		
	C8	비례성		
	C9	호응성		
B3 인터랙티브	C10	공공성		
	C11	참여성		
	C12	체험성		
	C13	지능성		
	C14	오락성		
B4 지속가능	C15	통용화성		
	C16	환경보호성		
	C17	경제성		
	C18	건강성		
	C19	재생성		
	C20	주기성		
B5 도안	C21	식별성		
	C22	정제성		
	C23	전승성		
	C24	참신성		
	C25	통일성		
B6 소재	C26	소재성		
	C27	질감성		
	C28	근리성		
	C29	가볍고 편함		
B7 공예	C30	타당성		
	C31	현대성		
	C32	표준화		
B8 안전	C33	견고성		
	C34	사생활보호성		
	C35	예방성		
	C36	경고성		
B9 심미	C37	예술성		
	C38	시대성		
	C39	대중성		
	C40	쾌락성		
B10 기능	C41	과학성		
	C42	이학성		

하란산(賀蘭山) 관광문화상품 디자인

* 리스트에 포함되지 않았으나 추가적으로 필요한 속성을 '추가해야 할 속성 / 자유고견'란에, 곤란하여 제외해야 할 속성을 '제외해야 할 속성'란에 적어 주십시오.

자유고견/추가해야 할 속성

제외해야 할 속성

◎ 귀하의 인구통계학적 질문입니다.

★ 설문에 응해 주셔서 진심으로 감사드립니다. ◎

❖ 부 록

<첨부 2>

2022

한서대학교 일반대학원

전문가 의견수집표<제2차>

존경하는 교수님! 그리고 전문가 여러분!

안녕하십니까? 이렇게 소중한 시간을 내어 주셔서 감사드립니다.

본 설문지는 문화상품 디자인 방안 평가지표 선정 수집표로, 하란산 암각화 문화상품 디자인 방안의 평가지표에 대해 알아보기로 합니다. 선행 연구의 관련 데이터에 따르면, 본 논문은 9개 유형과 40개 지표를 우선 선정했으니, 귀중한 의견을 제시해 주시고, 관련 지표를 평가해 주시어, 본 논문이 확정한 평가 지표가 객관성과 과학성을 가질 수 있도록 협조해 주시기 바랍니다. 여러분의 개인정보에 관해서는 연구 이외의 다른 목적으로 사용하지 않을 것임을 보장합니다.

이번 조사의 피드백에 대해 진심으로 감사드립니다.

한서대학교 일반대학원

연구자 : 융합디자인학과 박사과정 Li Li

지도교수 : 융합디자인학과 교수 한상윤

하란산(賀蘭山) 관광문화상품 디자인

아래 기준을 참고하여 평가하여 주시기 바랍니다.
1. 중요성 수준 해당 지표가 상위 수준의 지표에 대한 중요도 수준을 1~9점 사이의 점수로 평가하여 주십시오(정수 입력).
2. 수용도 범위 해당 비표가 상위 수준 지표의 중요도에 대한 수용가능한 범위에 대해 평가하여 수용 가능한 최대치와 최소치를 각각 입력하여 주십시오.

평가지표			중요도 수준	수용도 범위	
			귀하가 생각하는 중요도 수준의 단일 값 (1점-9점)	수용도 최소치 (1점-9점)	수용도 최대치 (1점-9점)
B1 스타일	C1	다양성			
	C2	간단성			
	C3	실용성			
B2 색채	C4	조화성			
	C5	풍부성			
	C6	비례성			
B3 인터랙티브	C7	공공성			
	C8	오락성			
B4 지속가능성	C9	통용성			
	C10	환보성			
	C11	재생성			
B5 도안	C12	식별성			
	C14	전승성			
	C13	통일성			
B6 소재	C14	재료성			
	C15	근리성			
B7 공예	C16	타당성			
	C17	표준화			
B8 안전	C18	견고성			
	C19	사생활보호성			
B9 조작	C21	이학성			

❖ 부 록

<첨부 3>
문화상품 시장 조사 설문지

안녕하세요! 저는 한서대학교 융합디자인학과에 재학 중인 학생으로 현재 저의 박사학위 논문을 쓰고 있습니다. 이번에 관광문화상품 판매와 관련한 관광객들의 의견을 알아보고 자료 수집에 도움이 되기를 바랍니다. 참여해 주셔서 감사합니다.

1. 성별   ○ 남   ○ 여

2. 나이
   ○ 18세 이하   ○ 18~35세   ○ 36~50세   ○ 50~60세 이상   ○ 60세 이상

3. 직업   ○ 학생   ○ 회사원   ○ 공무원   ○ 자유직업   ○ 기타

4. 어느 도시에서 오셨습니까?

5. 귀하는 이전에 문화아이디어상품 혹은 관광기념품을 구매한 적이 있습니까?
   ○ 있다   ○ 없다

6. 구매한 적이 있다면, 어느 정도 금액을 관광기념품 가격으로 받아들일 수 있습니까?
   ○ 50원 이하   ○ 50~200원   ○ 200~300원   ○ 300~500원   ○ 500원 이상

7. 어떤 경로로 관광문화상품 구매를 알고 계십니까?
   ○ 온라인 플랫폼   ○ 관광지 상점 혹은 장터   ○ 기타 경로   ○ 알아본 적 없다

8. 현재 하란산 관광문화상품이 귀하의 개별적인 욕구를 충족시킬 수 있습니까?
   ○ 가능   ○ 불완전   ○ 불가능

하란산(賀蘭山) 관광문화상품 디자인

9. 기존의 하란산 관광문화상품이 마음에 드십니까?
   ○ 대만족   ○ 만족   ○ 불만족   ○ 매우 불만족

10. 귀하는 기존 하란산 관광문화상품의 가장 큰 단점은 무엇이라고 생각합니까?
    (복수 응답)
    ○ 브랜드 감각 없음 ○ 창의성이 없음 ○ 실용성이 크지 않음 ○ 실속 없음
    ○ 가격이 비쌈   ○ 기타

11. 귀하는 어떤 종류의 여행상품을 구매를 선호하십니까? (복수 응답)
    ○ 생활기구   ○ 복제품   ○ 아이디어 문구   ○ 여행용품   ○ 진열용 액서서리
    ○ 푸드   ○ 의류   ○ 인형   ○ 홈 액세서리

12. 당신의 월수입 상황은 어느 정도입니까?
    ○ 3000위안 이하   ○ 3001~5000   ○ 5000~8000
    ○ 8000~10000   ○ 10000 이상

13. 문화아이디어상품이나 관광기념품을 구입해서 누구에게 드립니까? (복수 응답)
    ○ 자신에게   ○ 웃어른 선물   ○ 친구에게 선물   ○ 기타

14. 관광문화상품 구매 목적은 무엇입니까? (복수 응답)
    ○ 관광기념   ○ 현지 문화 이해   ○ 아이디어에 관심이 있어서
    ○ 소장가치 있어서   ○ 생활에 쓰임이 있어서

15. 귀하의 생활용품이나 휴대용품에 대해 일반적으로 어떤 느낌을 갖고 있습니까?
    ○ 고전적 전통성   ○ 순 기능성   ○ 간결하고 대담함
    ○ 개성 있는 트렌드   ○ 기타

16. 귀하의 교육 정도는?
    ○ 중학교 이하   ○ 고등학교(전문 중/직업 고/기술 고)
    ○ 대학 학부/전문대   ○ 대학원생 이상

17. 하란산 암각화에 대해 알고 계십니까?
　　○ 익숙하다　○ 일반적으로 안다　○ 처음 알아 본다　○ 들어본 적 없다

18. 관광기념품 구입에 있어 어느 부분이 가장 중요하게 생각할 요소입니까? (복수응답)
　　○ 색채　○ 스타일링　○ 인터랙티브 기능　○ 친환경 지속 가능　○ 도안
　　○ 소재　○ 공정　○ 안전성　○ 조작　○ 기타

19. 어떤 소재의 관광기념상품을 좋아하십니까? (복수 응답)
　　○ 도자기　○ 플라스틱　○ 우드　○ 유리　○ 옷감　○ 금속　○ 종이
　　○ 가죽　○ 기타

하란산(賀蘭山) 관광문화상품 디자인

<첨부 4>
하란산 문화상품 만족도 설문지

성별: 남□ 여□

1=매우 불만족 2=불만족 3=보통 4=만족 5=매우 만족

평가 지표		제품 사진					평가 지표		디자인 설명				
		만족 정도							만족 정도				
		1	2	3	4	5			1	2	3	4	5
스타일	다양성	1	2	3	4	5	도안	식별성	1	2	3	4	5
	간단성	1	2	3	4	5		전승성	1	2	3	4	5
	실용성	1	2	3	4	5	소재	재료성	1	2	3	4	5
색채	조화성	1	2	3	4	5		근리성	1	2	3	4	5
	비례성	1	2	3	4	5	공예	타당성	1	2	3	4	5
인터랙티브	공공성	1	2	3	4	5		표준화	1	2	3	4	5
	오락성	1	2	3	4	5	안전	견고성	1	2	3	4	5
지속 가능	통용화	1	2	3	4	5		사생활 보호성	1	2	3	4	5
	환보성	1	2	3	4	5	조작	이학성	1	2	3	4	5

이번 조사의 피드백에 대해 진심으로 감사드립니다.

하란산(賀蘭山) 관광문화상품 디자인

2022년 8월 1일 초판 1쇄 인쇄
2022년 8월 8일 초판 1쇄 발행

저　　자 ｜ Li Li (李丽) 著

발 행 처 ｜ 도서출판 에듀컨텐츠휴피아
발 행 인 ｜ 李 相 烈
등록번호 ｜ 제2017-000042호 (2002년 1월 9일 신고등록)
주　　소 ｜ 서울 광진구 자양로 28길 98, 동양빌딩
전　　화 ｜ (02) 443-6366
팩　　스 ｜ (02) 443-6376
e-mail　 ｜ iknowledge@naver.com
web　　 ｜ http://cafe.naver.com/eduhuepia
만든사람들 ｜ 기획 · 김수아 / 책임편집 · 이진훈 이유빈 이지은 이수민 김예빈 김채현
　　　　　　 디자인 · 유충현 / 영업 · 이순우

I S B N ｜ 978-89-6356-360-2 (93630)
정　　가 ｜ 19,000원

ⓒ 2022, LiLi(李丽), 도서출판 에듀컨텐츠휴피아

이 책은 저작권법에 따라 보호받는 저작물이므로 무단전재와 무단복제를 금지하며, 책 내용의 전부 또는 일부를 이용하려면 반드시 저작권자 및 도서출판 에듀컨텐츠휴피아의 서면 동의를 받아야 합니다.

[문헌정보QR코드]